Jonathan Lamb

La fe ante el peligro

Una introducción al libro de Nehemías

SERIE RECURSOS LANGHAM PREDICACIÓN

La fe ante el peligro:
Una introducción al libro de Nehemías
Jonathan Lamb

Original en inglés: *Faith in the Face of Danger: An Introduction to the Book of Nehemiah*
Langham Publishing
PO Box 296, Carlisle, Cumbria CA3 9WZ, United Kingdom
www.langhampublishing.org
© 2018   Jonathan Lamb
© 2018   Langham Publishing

© 2020   Centro de Investigaciones y Publicaciones (CENIP) – Ediciones Puma

Hecho el Depósito Legal en la Biblioteca Nacional del Perú N° 2020-04174

Primera edición impresa: julio 2020
ISBN N° 978-612-4252-40-2

Categoría: Religión - Estudios bíblicos - Predicación

Primera edición digital: julio 2020
ISBN N° 978-612-4252-45-7

Editado por:

© 2020   Centro de Investigaciones y Publicaciones (CENIP) – Ediciones Puma

Av. 28 de Julio 314, Dpto. G, Jesús María, Lima - Perú
Apartado postal: 11-168, Lima - Perú
Telf.:   (511) 423–2772
E-mail: administración@edicionespuma.org
               ventas@edicionespuma.org
Web: www.edicionespuma.org
Ediciones Puma es un programa del Centro de Investigaciones y Publicaciones (CENIP)

Traducción: Sara A. Deik
Diseño de carátula: Daniel Leandro Flores
Edición: Jim Breneman y Alejandro Pimentel
Diagramación: Alejandro Pimentel

Contenido

Introducción

En todo el mundo los cristianos están bajo presión. Ahora se calcula que el noventa por ciento de la persecución religiosa está dirigida a la comunidad cristiana. Unos doscientos millones de evangélicos en más de treinta y cinco países viven bajo una persecución directa y hostil, pero hay muy pocos países donde los creyentes escapan de las presiones de una cultura que está en contra de Cristo y sus seguidores.

A lo largo de la historia de Nehemías, su fe personal y la fe del pueblo de Dios están en constante ataque. Esto se ve reflejado no solamente en la oposición hostil registrada en los capítulos 4 y 6, sino también en las sutiles tentaciones de quitarle prioridad a la Palabra de Dios, o la tentación de perder de vista su grandeza y santidad, o vivir con propósitos egoístas en vez de promover el bienestar del pueblo de Dios, o adoptar el sistema de valores de sus vecinos paganos en vez de vivir según las normas del Dios Santo que los llamó a pertenecerle a él y que los trajo de vuelta a Jerusalén.

Es por ello que el libro es tremendamente pertinente para la comunidad cristiana de la actualidad. Porque nosotros también debemos aprender a confiar en Dios y en su Palabra en medio de peligros, que son similares a los que el pueblo de Dios sufrió cuando regresó a la ciudad restaurada de Jerusalén en los días de Nehemías.

Este libro se basa en cinco exposiciones bíblicas que fueron presentadas en la convención de Keswick en el Reino Unido. No pretende ser un comentario verso por verso ya que se omiten varias secciones del libro de Nehemías, sino que busca exponer capítulos clave, agrupados en torno a cinco temas principales. También conserva algunos elementos propios de la predicación expositiva, pero ha sido rediseñado para ayudar a personas y grupos a descubrir algunos de los maravillosos temas de esta sección de la Palabra de Dios.

Las cinco exposiciones forman las cinco secciones de este libro. En varias ocasiones, he agrupado el material de Nehemías de tal manera que nos ayude a comprender los temas clave de su recopilación. Los capítulos 3 y 5 se complementan, ya que abordan lo que significa ser el pueblo de Dios; luego los capítulos 4 y 6 se unen al explicar las diversas formas de oposición que Nehemías y el pueblo de Dios afrontaron. Finalmente, los capítulos 10 y 13 se juntan, porque están claramente relacionados con el énfasis respecto a la importancia de un comportamiento piadoso distinto.

También hay preguntas a lo largo del libro, que espero sean útiles tanto para la reflexión personal como para la discusión grupal. Estoy agradecido a Recursos Langham Predicación por permitir que este título esté disponible a una audiencia global. Conozco muchas escuelitas de predicación y grupos de becarios Langham en muchos países, y espero que las preguntas en cada sección sean útiles para momentos de discusión grupal. Pero este libro está escrito para todos los creyentes, no solo predicadores, ya que todos enfrentamos el desafío de mantener nuestra fe en medio del peligro. Al igual que Nehemías y el pueblo de Dios en Jerusalén, nosotros también podemos confiar en Dios a quien pertenecemos, sabiendo que su mano de gracia está sobre nosotros sin importar nuestras circunstancias.

Jonathan Lamb
Oxford, enero de 2018

Cómo usar este libro

Además de ofrecer una introducción a las principales secciones del libro de Nehemías, el autor ha proporcionado preguntas en cada capítulo, así como sugerencias para la reflexión y para su mayor estudio. Las preguntas ayudan a relacionar los principios expuestos en el comentario a nuestras propias vidas y situaciones. Puedes utilizar esta guía ya sea para un tiempo devocional con Dios o como parte de un estudio grupal.

Cómo usar este libro para el estudio personal

Comienza orando, leyendo el pasaje y el comentario de este varias veces antes de mirar las preguntas. Puede serte útil escribir tus respuestas a las preguntas y otros pensamientos que te surjan a partir del texto. Escribir te ayudará a reflexionar sobre los temas tratados en el libro y sobre cómo se aplican específicamente a tu propia situación. También será alentador que recuerdes todo lo que Dios te ha estado enseñando. Comparte lo que estas aprendiendo con un amigo. Oren juntos para que puedan poner en práctica todas estas lecciones en sus propias vidas.

Cómo usar este libro con grupos pequeños: consejos para líderes de grupo

Como preparación para el estudio comienza orando, leyendo el pasaje y su comentario varias veces. Si están disponibles en tu país, utiliza otros recursos como un diccionario bíblico o comentario.

Al inicio de cada capítulo encontrarás el objetivo de este, que es el fondo del pasaje y por lo tanto la verdad que quieres que tu grupo recuerde. Con esto en mente, decide qué preguntas y actividades tomarán más tiempo. Añade preguntas que sean útiles para tu grupo o para la situación de tu iglesia.

Anima a tu grupo que lean y estudien el pasaje previamente a la reunión. Aparta tiempo al final del estudio para que las personas reflexionen y respondan. De esta manera podrán poner en práctica lo que están aprendiendo a su propia situación.

Un mensaje para los predicadores

El material de este libro proviene de una serie de cinco exposiciones bíblicas cuyas presentaciones tuvieron suficiente tiempo para abordar grandes secciones del libro. Si estás predicando una serie sobre el libro de Nehemías en tu iglesia local, quizá sea necesario que dividas cada sección en partes más pequeñas.

La clave es garantizar que estás manejando una unidad de predicación, es decir, una sección del libro que tiene un tema claro, que puede explicarse y aplicarse a una congregación en el tiempo que tienes disponible. En este libro, las cinco secciones principales incluyen muchas subdivisiones o pasajes bíblicos más breves que servirían de base para predicar una serie más larga. Es importante que los predicadores usen el propio libro de Nehemías para que lleguen a dominar su contenido. Este libro representa solo una manera de dividir el material respecto a la emocionante historia de la reconstrucción de la familia de Dios y, por lo tanto, es solo una guía para lograr esto.

Este libro ha sido publicado gracias a Recursos Langham Predicación. Hay movimientos de predicación Langham en varias partes del mundo. En el movimiento animamos a los predicadores a enfocarse en tres puntos, y esperamos en este libro dar ejemplos de estos.

> ➤ Primero, ¿estoy siendo fiel al pasaje bíblico? ¿estoy reflejando el significado del pasaje de manera que realmente pueda expresar lo que el autor original quiso que su audiencia entienda?
> ➤ Segundo, ¿estoy siendo claro? ¿el mensaje está estructurado de tal manera que mis oyentes pueden realmente entender la fuerza y el flujo del pasaje?
> ➤ Tercero, ¿estoy siendo relevante? ¿estoy haciendo conexiones pertinentes con las vidas de mis oyentes, demostrando cómo este pasaje bíblico se aplica a los desafíos en sus vidas personales, familiares y eclesiales, así como también a la cosmovisión de su cultura?

Estas son tres preguntas clave que debe hacerse cualquiera que quiera explicar un pasaje bíblico, ya sea cuando predique, dirija estudios bíblicos o explique un pasaje bíblico a otra persona. Esperamos que disfrutes de tu propio trabajo cuando estudies estos pasajes y determines cómo predicar la Palabra de Dios de la mejor manera en el contexto en el que te encuentras.

Primera parte

Elegir las prioridades de Dios

Nehemías 1 y 2

Elegir las prioridades de Dios

Introducción

Cuando James Galway, el maravilloso flautista irlandés, sufrió un accidente de carretera casi fatal, se vio obligado a evaluar lo que realmente importaba en su vida.

Esto es lo que escribió:

> Decidí que a partir de ahora tocaría cada concierto, grabaría cada CD, aparecería en cada programa de TV, como si fuera mi último. He llegado a comprender que jamás será posible adivinar lo que ocurrirá a continuación; y que lo importante es asegurarse de que cada vez que toque la flauta, mi actuación sea casi perfecta y este llena de la música verdadera que Dios quiere, y que no se me recuerde por una interpretación mediocre.

A menudo se necesita una crisis para obligarnos a sopesar lo que realmente importa en la vida. Puede que sea nuestra salud, un duelo, una tragedia personal, algo que Dios usa para confrontarnos con esa pregunta fundamental: «¿Qué es lo más importante en mi vida?». También puede ser un momento de crisis positivo. Hace algunos años me encontraba en una pequeña iglesia frente a una congregación abarrotada y me preguntaron: «¿Tomas a esta mujer como tu legítima esposa?» Recuerdo lo adecuado que fue (al menos para mi esposa) el texto que estaba colgado en la pared: «Invócame en el día de la angustia; yo te libraré y tú me honrarás». «En la salud y en la enfermedad, en la riqueza y en la pobreza hasta que la muerte los separe».

Algunas personas transitan por la vida sin hacerse preguntas acerca de sus prioridades fundamentales. Para citar a la actriz Helena Bonham Carter, «Igual todos vamos a morir; así que, ¿qué importa, siempre que mantengas un sentido de humor y diversión?» Esa es la filosofía de hoy: comer, beber y ser feliz, porque mañana haremos dieta. Quizá más en serio, el periodista Bernard Levin dijo que esperaba descubrir por qué había nacido antes de morir. Déjame hacerte una pregunta: ¿qué es lo que más te importa? ¿qué es lo que realmente forja las prioridades en tu vida? ¿Es tu familia, tu cuenta bancaria, tu trayectoria profesional, cierta relación? ¿Qué es lo que te motiva?

Haz una pausa para reflexionar sobre estas preguntas. No es fácil evaluar nuestras motivaciones y prioridades fundamentales, pero trata de ser honesto respecto a lo que realmente importa en tu vida. ¿Cómo se ve reflejado en estas prioridades el tiempo que usas?

El libro de Nehemías plantea esta pregunta fundamental: ¿Cuáles son las prioridades del pueblo de Dios? Una vez que hayamos descubierto esas prioridades, ¿Cómo podemos ser decididamente fieles en cumplirlas? Se trata de una determinación enérgica. Se trata de ver a qué nos está llamando Dios y luego a comprometernos a transitar en ese camino.

Esto es sumamente pertinente porque los cristianos sufrimos la constante tentación a desviarnos de esas prioridades. Enfrentamos presiones de nuestra propia cultura, que cada vez más ve a la religión como un asunto privado y que debe marginarse, hasta que el evangelio pase al olvido como algo sin importancia, como un sencillo pasatiempo para los religiosos.

También existe presión dentro de la comunidad cristiana o incluso dentro de nuestras propias vidas. Es muy fácil que nuestra comodidad personal y nuestra seguridad importen más que nuestro deseo de buscar primero el reino de Dios. La realización personal y la autocomplacencia debilitan nuestra devoción y distorsionan nuestras prioridades. Es necesario tener momentos en los que nos alejemos de las distracciones, ya sean de nuestra cultura o en nuestras propias vidas, para reflexionar y orar acerca de lo que realmente importa.

Aquí en el libro de Nehemías, fue una crisis en el 445 a. C. que provocó que Nehemías y el pueblo de Dios evaluaran lo que realmente importaba en sus vidas personales y comunitarias. Se vieron forzados a confrontar las prioridades que iban a forjar su vida nacional y su testimonio peculiar como pueblo de Dios. Los dos primeros capítulos de Nehemías ilustran algunas prioridades fundamentales que gobernaron la vida de Nehemías en medio del colapso nacional y espiritual. Los primeros tres capítulos de este libro examinan tres prioridades básicas esenciales para ejercitar y mantener la fe frente a la amenaza.

Capítulo 1

La prioridad del llamado de Dios

Objetivo: Examinar qué significa para nosotros el llamado de Dios

Tema central

La idea del llamado significa diferentes cosas para diferentes personas. Comienza preguntándote a ti mismo o preguntando a tu grupo: ¿qué te viene a la mente cuando usas esta palabra? ¿Cómo se la utiliza en conversaciones generales? ¿Y qué crees que significa ser llamado por Dios?

Lee: Nehemías capítulo 1
Versículos clave: Nehemías 1.1-4
Estructura:

1. Una labor responsable
2. Un corazón receptivo

El libro comienza con Nehemías que vive y trabaja en un país extranjero. Artajerjes ocupa el trono de Persia, y Nehemías, un judío, está en el exilio y trabaja como alto funcionario del rey. Hace unos ciento cuarenta años antes, el equilibrio de poderes en el mundo sufrió un cambio cuando Nabucodonosor, rey de Babilonia, derrotó a Egipto y sus ejércitos conquistaron Siria y Palestina. Jeremías, el profeta de Dios en ese momento, continuó profetizando al pueblo de Dios, advirtiéndoles que a menos que se arrepintieran de su infidelidad, Dios enviaría juicio desde el norte.

Se negaron a escuchar. Efectivamente, Dios envió juicio, y todo el peso de la maquinaria de guerra babilónica aplastó a Jerusalén, destruyendo su muralla y llevando el pueblo al exilio. Fue el momento más triste de la historia del pueblo de Dios.

En su debido momento, Persia se convirtió en el poder dominante, y durante este período pequeños grupos de exiliados comenzaron a regresar a Jerusalén, primero bajo Zorobabel, luego bajo Esdras cuando el templo fue reconstruido (los libros de Esdras y de Nehemías son complementarios). Pero la ciudad aún estaba en ruinas.

El capítulo 1 comienza con Nehemías, que se encuentra sirviendo en Susa, el palacio de invierno de los reyes persas, y debemos darnos cuenta de dos elementos importantes en la prioridad del llamado de Dios en la vida de este hombre.

1. Una labor responsable

Nehemías nació en el exilio, y como otros judíos antes que él (Daniel y sus tres amigos, o Mardoqueo y Ester), Nehemías fue promovido a un cargo de influencia, en su caso, como funcionario prominente en la corte del rey Artajerjes. Como él lo explica, «yo era copero del Rey» (1.11).

Es imposible saber qué significa realmente esa responsabilidad. La mayoría piensa que incluía elegir y probar el vino del rey para verificar que no estuviere envenenado. Pero eso no era todo. Tenía acceso cercano al rey como protector y confidente. Jerjes, el padre de Artajerjes, fue asesinado en su habitación junto a uno de sus cortesanos, así que para que Nehemías tenga esa posición significa que debió de haber sido uno de los más altos funcionarios en Susa. Vale notar que la posición y entrenamiento de Nehemías en esa corte pagana era parte de la obra de Dios en su vida, y lo preparó para el desafío que le esperaba.

Cuando escuchó la triste noticia de lo que ocurría en su ciudad (Jerusalén), Nehemías estaba en una posición ideal para actuar. No hubo un llamado dramático, una visión divina o un mensajero angelical. No era un sacerdote o profeta; era el funcionario de un rey pagano, a más de mil kilómetros de su hogar. Pero era un hombre en quien Dios podía confiar, cuyas prioridades estaban claras, y quien iba a ser un personaje central en el trabajo de reedificar el pueblo de Dios.

Sabemos cuán importante es que en cada país haya personas comprometidas con lo que llamamos ministerio a tiempo completo, en iglesias o ministerios cristianos. Pero hay un ejército mucho más grande a ser movilizado. Mark Greene, en una carta a los partidarios del Instituto del Cristianismo Contemporáneo de Londres, escribió que hay alrededor de cuatro millones de cristianos en Gran Bretaña, pero solo cien mil ministros cristianos. «Si queremos ganar Inglaterra, tendremos que equipar a los otros cuatro millones para que puedan hacer ministerio donde sea que Dios los ponga. Lo lograremos cuando los cuatro millones estén equipados para aportar valores bíblicos en oficinas, fábricas, salas de juntas y hospitales».[1] Esto es cierto en cualquier país, incluso donde la minoría cristiana es muy pequeña.

Todo cristiano debe estar listo para aprovechar las oportunidades allí mismo donde Dios lo ha puesto, para vivir por Jesucristo en el ahora, y no solo en la esperanza de un futuro. Si te estás preguntando, ¿qué rayos estoy haciendo en este trabajo, en esta oficina, esta fábrica?, es importante aprender de Nehemías, que estaba dedicado a una labor responsable allí mismo donde Dios lo había colocado. Lejos de casa, en un tribunal pagano, como seguidor de Yahvé, a menudo pudo haber dicho: «¿Qué estoy haciendo aquí?» Necesitamos vivir para el Señor Jesús y para los valores de su reino donde él nos haya colocado. Cada uno de nosotros está en una posición única para hacerlo.

¿Corremos el peligro de hacer una distinción marcada entre las áreas de trabajo sagradas y las seculares? ¿Qué sucede cuando esta división penetra el pensamiento cristiano?

¿Hay áreas de tu trabajo que te frustran? ¿Te es posible ver que estás en una posición única para servir a la causa de Cristo? ¿De cuáles maneras específicas podría tu presencia allí ser significativa para la causa del reino?

---

1. Mark Greene dirigió una carta a los partidarios del LICC (London Institute of Contemporary Christianity); más detalles de esta carta se puede encontrar en www.licc.org.uk. «En LICC estamos comprometidos a empoderar a cristianos y a la iglesia para que sus vidas marquen una diferencia para Cristo de lunes a sábado».

2. Un corazón receptivo

El segundo versículo del capítulo uno nos introduce a las noticias que Nehemías recibe de su ciudad cuando un grupo de judíos llega a Susa. Podemos darnos una idea de la preocupación de Nehemías porque no le es fácil obtener información:

> Entonces les pregunté por el resto de los judíos que se habían librado del destierro, y por Jerusalén.
> Ellos me respondieron: "Los que se libraron del destierro y se quedaron en la provincia están enfrentando una gran calamidad y humillación. La muralla de Jerusalén sigue derribada, con sus puertas consumidas por el fuego".
> Al escuchar esto, me senté a llorar; hice duelo por algunos días, ayuné y oré al Dios del cielo. (1.2-4)

La noticia fue abrumadora y tuvo un profundo impacto emocional y espiritual en Nehemías. El mensaje era claro: la obra de Dios estaba paralizada y el pueblo de Dios estaba desmoralizado. Es muy probable que esto haya sido el resultado de la última orden del rey de cesar la reconstrucción: «Obligaron a los judíos a detener la obra» (Esd 4.23). Fue un golpe devastador para Nehemías, no solamente por la desgracia del pueblo de Dios, sino también por lo que representaba: Dios estaba siendo deshonrado. Jerusalén debía ser el «lugar donde he decidido habitar» (1.9); era la ciudad santa; era el lugar donde su presencia sería especialmente conocida. Ahora, en lugar de su distintivo testimonio de la gloria y el honor de Dios, en lugar de ser una luz para las naciones, se había convertido en «un hazmerreír internacional», como lo explica un comentarista.

Nehemías había tenido un trabajo estable en Susa, con considerable seguridad y prosperidad, pero no había perdido su pasión espiritual. Es muy fácil para nosotros perder nuestro lado espiritual, permanecer indiferentes al honor de Dios, pero no Nehemías. Tal era su preocupación por el nombre de Dios y el honor de Dios, que él lloró, ayunó y oró (1.4).

En su relato acerca de la guerra en Bosnia hace algunos años, el corresponsal de guerra Anthony Lloyd indicó lo fácil que era volverse insensible a los espantosos resultados de tal inhumanidad: «La mutilación brutal se quedaba en mis ojos como una espina durante días, o de lo contrario la expresión o postura de un cadáver evocaba tristeza y enojo dentro de mí. Pero a medida que pierdes la cuenta del número de muertos que has visto, se eleva un umbral oculto de insensibilidad, neutralizando la mayoría de tus reacciones».[2]

Eso nos pasa a nosotros los cristianos: nuestras reacciones ante el espantoso deterioro espiritual y moral que vemos a nuestro alrededor se neutralizan gradualmente. Estamos viviendo en una cultura que ha rechazado a Dios, pero que incluso sugiere que no deberíamos pensar, y mucho menos llorar, por el mal en nuestros propios corazones o el mal en nuestra sociedad o la decadencia espiritual que vemos en la iglesia. Las iglesias evangélicas les dan poco lugar a las lágrimas.

Fue interesante leer recientemente que un lector de noticias televisivas, Trevor McDonald, pasaba algunos minutos llorando en su vestidor luego de compartir las noticias nacionales. Cuando uno de los trabajadores del general Booth estaba luchando por ver alguna señal de éxito en su trabajo con el Ejército de Salvación, envió un telegrama a Booth pidiendo consejo. Recibió una respuesta, que contenía solo estas palabras: Prueba las lágrimas.

Era ese tipo de corazón receptivo el que iba a ser una prioridad fundamental para el llamado de Dios a Nehemías, y es una prioridad fundamental en nuestro llamado también. Es un servicio responsable allí donde Dios nos ha colocado y un corazón receptivo a lo que Dios quiere hacer en la situación desesperada en la que nos encontramos.

¿Por qué hay tan poca pasión por el honor de Dios en nuestra sociedad?

¿Cómo nos sentimos con respecto al liberalismo de la iglesia, o las líneas de fractura entre la familia evangélica, o el desenfrenado pluralismo religioso en nuestro país? La mayoría de las personas son completamente indiferentes a la fe cristiana, o están comprometidos con religiones no cristianas de diversos tipos. ¿Cómo nos sentimos con el hecho de que las personas no están adorando a Jesús?

---

2. Anthony Lloyd, *My War Gone By, I Miss It So* (Londres: Doubleday, 1999), 6.

Para mayor investigación

Observen cómo se sintió Jeremías ante la situación de sus días, descrito en Jeremías 8.18–9.2. Traten de capturar sus sentimientos parafraseando este pasaje con tus propias palabras.

Para reflexionar

Hemos visto que el llamado de Dios no se limita al ministerio cristiano de tiempo completo, sino que incluye los propósitos de Dios para cada creyente. Tomen un tiempo para orar juntos por los diferentes llamados que están representados en el grupo: ya sea en el trabajo, en el hogar o en la iglesia.

Capítulo 2

La prioridad en los propósitos de Dios

Objetivo: lograr un entendimiento más profundo
de la grandeza de Dios

Tema central

¿Qué es lo primero que se te ocurre cuando piensas en la naturaleza y el carácter de Dios? Haz una lista y pregúntate en qué medida estos temas dan forma a tu adoración y oración.

Lee: Nehemías capítulo 1
Versículos clave: Nehemías 1.5-11
Estructura:

>   1. El Dios poderoso que cumple sus planes (1.5)
>   2. El Dios fiel que cumple sus promesas (1.5, 8, 9)
>   3. El Dios santo que requiere obediencia (1.5-7)

Una de las características más importantes del libro de Nehemías es la frecuente referencia a sus tiempos de oración, por ejemplo, «me senté a llorar; hice duelo por algunos días, ayuné y oré al Dios del cielo» (1.4). Chuck Swindoll considera a Nehemías «un líder desde las rodillas hacia arriba». Su dependencia en Dios era una prioridad vital para determinar los propósitos de Dios para el trabajo que tenía por delante. Ciertamente fue un activista que hacía que las cosas sucedan; sin embargo, su primera reacción al escuchar la noticia fue pasar semanas en oración.

Qué lección tan importante para nuestras vidas personales y nuestras iglesias. Cuando nos enfrentamos a un desafío, a veces nos gobierna más el lema: «¿por qué orar cuando puedes preocuparte?» Nehemías había recibido noticias devastadoras y su fe se ve reflejada en su compromiso por descubrir los propósitos de Dios. No había nada más que pudiera hacer. Nadie más que Dios podría lograr lo que se necesitaba hacer. Si en algo tiene valor enfrentar situaciones desesperantes —donde no tenemos idea de qué hacer o cómo responder— es que estamos obligados a aferrarnos a Dios.

Abraham Lincoln lo expresó así: «He sido conducido muchas veces a permanecer de rodillas ante la abrumadora convicción de que no tenía a dónde ir. Mi propia sabiduría y la de los que me rodeaban parecían insuficientes para el día». Ningún otro lugar a donde ir más que a la presencia de Dios mismo. Así es como se sintió Nehemías, y es una actitud básica que necesitamos cultivar a lo largo de nuestra vida cristiana y especialmente en nuestra oración.

Hace poco leí la sección de preguntas en un periódico sobre si es válido o no que los deportistas cristianos oren durante sus partidos. A continuación, una de las respuestas:

> Señor, en una época en la que ganar es más importante que jugar, me temo que los deportistas profesionales seguirán pidiendo ayuda divina. Pero nosotros los aficionados —como el pastor que jugaba al golf y que luego de embocar un tiro de 200 metros, pensó que hubiera preferido hacerlo solo— preferiríamos pensar que cuando tenemos momentos brillantes, estos ocurren enteramente por nuestros propios esfuerzos.

Los cristianos enfrentamos una sutil tentación: nos gustaría pensar que cumplimos los propósitos de Dios sin ayuda. El libro de Nehemías contiene muchos ejemplos donde él depende de Dios, de su devoción, su sumisión y su deseo de darle la gloria. No tenía a dónde más recurrir.

¿En qué cosas estamos tentados a confiar en tiempos de crisis o peligro? ¿Por qué crees que a menudo tardamos en recurrir a Dios?

El versículo 1.5 introduce un modelo de oración para tiempos de desesperación. Nehemías coloca el obstáculo presente en el contexto de la historia de Dios y su pueblo —con un mosaico de referencias bíblicas que forman el fundamento para su solicitud. Es muy valioso orar de este modo.

Las oraciones de la Biblia son como la ropa que los padres compran para que sus hijos la usen a medida que van creciendo. Tengo un amigo que cuenta que cuando entró a la secundaria sus papás le compraron una chaqueta, y no fue hasta después de algunos meses que sus amigos se dieron cuenta que tenía manos. La oración de Nehemías, al igual que secciones similares en la Escritura, contiene verdades profundas que entenderemos si la usamos como modelo para nuestro propio compromiso de descubrir los propósitos de Dios.

Analicemos tres características de esta oración:

1. El Dios poderoso que cumple sus planes (1.5)

> Señor, Dios del cielo, grande y temible, que cumples el pacto y eres fiel con los que te aman y obedecen tus mandamientos. (1.5)

«Señor, Dios del cielo», este es el lugar donde siempre debemos comenzar. Nehemías se dirige al Señor, Yahvé, el Dios personal, el Dios del Éxodo que salvó a su pueblo (1.10), y quien derrotó a sus enemigos. Se inclina ante el Dios del cielo, el Señor soberano que tiene la supremacía universal. Él es el Creador trascendental, el Dios por encima de todos los otros «dioses». Este es el Dios que tiene el poder para cumplir sus propósitos.

Aquí es donde Nehemías comienza. De hecho, a lo largo de sus escritos Nehemías frecuentemente hace referencia al Dios poderoso. Afirma constantemente esta realidad cuando se enfoca en el Señor soberano una y otra vez. Encontramos la frase «Dios del cielo» en el capítulo 1 (1.4 y 5), y se repite en el capítulo 2: «El Dios del cielo nos concederá salir adelante» (2.4 y 20). Las referencias al Señor muestran algo de su visión expansiva: Él es «el gran Dios» (8.6), «grande y temible» (1.5; 4.14) y «el Dios grande, temible y poderoso» (9.32). Para Nehemías, esto no es teoría. Para el trabajo que tiene por delante estas verdades necesitan estar en su médula, en lo profundo de su corazón. Él declara que este gran y maravilloso Dios es «mi Dios», una frase que aparece diez veces en sus escritos.

En el programa de construcción que iba a dirigir, con la oposición que debía confrontar y las reformas que iba a introducir, Nehemías necesitaba depender de Dios a cada paso. La razón para su tenaz determinación era que, como Moisés, «se mantuvo firme como si estuviera viendo al Invisible» (Heb 11.27).

A menudo trabajo con cristianos en países donde la comunidad evangélica es una minoría desesperadamente pequeña, donde los recursos humanos y financieros son minúsculos, y donde la tentación de renunciar es diaria. Algunos de nosotros nos sentimos así, y en tales circunstancias necesitamos poder ver al Señor, Yahvé, al Dios del cielo, al Dios grande y asombroso. Ciertamente hay una diferencia en la manera en que oramos si primeramente levantamos nuestros ojos al gran y maravilloso Dios, el Dios que está por encima de cualquier otro.

A.W. Tozer una vez dijo que lo que viene a tu mente cuando piensas en Dios es lo más importante acerca de ti. Pero crecer en nuestro entendimiento de la grandeza de Dios no ocurre automáticamente. ¿Cómo crees que sucede?

---

2. El Dios fiel que cumple sus promesas (1.5, 8, 9)

…que cumples el pacto. (1.5)

> Recuerda, te suplico, lo que le dijiste a tu siervo Moisés: "Si ustedes pecan, yo los dispersaré entre las naciones: pero, si se vuelven a mí, y obedecen y ponen en práctica mis mandamientos, aunque hayan sido llevados al lugar más apartado del mundo los recogeré y los haré volver al lugar donde he decidido habitar". (1.8, 9)

Una de las ideas más distintivas del Antiguo Testamento es la persistencia con la que Dios ama a su pueblo, a pesar de la extraordinaria rebeldía de este. Eso es lo que Dios prometió, y él seguirá siendo fiel a esa promesa. La Biblia usa la palabra pacto para describir esa relación, y la oración de Nehemías se basa en ese fundamento: se puede confiar en Dios. Dios será fiel a lo que prometió.

Hace un tiempo escuché sobre un comediante de televisión danés que fue elegido para el parlamento de su país. Tenía un manifiesto inusual. Esto es lo que prometió: mejor clima, viento de impulso para los ciclistas, filas más cortas en las tiendas, y mejores regalos de Navidad. Atrajo unos veinticuatro mil votos. Después de ser elegido, dijo: «Todo fue una broma, en serio. Supongo que la gente me eligió porque mis promesas son tan fiables como las de los partidos políticos convencionales».

Los pactos del Antiguo Testamento tienen su fundamento en la soberana gracia de Dios. Dios eligió a los judíos; se reveló a ellos; los rescató; y por lo tanto él no los abandonaría. Cuando oramos, podemos estar absolutamente seguros de la capacidad de Dios para cumplir lo que ha prometido. «Recuerda» es una palabra clave en el vocabulario de oración de Nehemías (4.14; 5.19; 6.14; 13.14, 22, 29, 31), y representa un llamado para que Dios intervenga. Nos dice: «si has sido fiel a tu promesa de enviarnos al exilio por nuestra desobediencia, ahora, mientras te obedecemos, cumple tu promesa de llevarnos de regreso y restaurarnos».

El mismo tema aparece en la oración del capítulo 9. «Descubriste en él un corazón fiel; por eso hiciste con él un pacto» (9.8); «Dios grande, temible y poderoso, que cumples el pacto y eres fiel» (9.32). La oración está saturada con ese tipo de lenguaje: Tu pueblo, nuestro Dios, mi Dios. Te pertenecemos. Por favor se fiel en cumplir lo que nos has prometido: «Restaura, oh Señor, el honor de tu nombre».

Hay muchas veces que sentimos que no podemos orar porque nos paraliza nuestro sentimiento de fracaso. No podemos imaginar que Dios nos vaya a escuchar, mucho menos aceptarnos de vuelta. Es entonces cuando estas palabras importan: «tú mantienes tu pacto de amor». Por muy inadecuada que sea mi fe, por leve que pueda aferrarme a Él, Dios no me soltará.

Necesitamos recordar que el mayor pacto de todos se encuentra en Jesucristo. Por fe en él, tenemos una relación de pacto con el Dios viviente y con su familia global, fundada bajo la gracia de Dios. Así que cuando oramos, por inadecuado que sea, podemos acercarnos a Dios sobre la base de que él nos ha elegido, él nos ha recibido en su familia, y nos ha salvado por medio de la obra de Cristo. Decimos lo mismo que dijo Nehemías: te pertenecemos; por favor no te rindas con nosotros; sé fiel en cumplir tus promesas. Por ello es tan importante orar con nuestra Biblia abierta.

Cuando me siento paralizado en mi tiempo de oración, recurro a una oración como la del primer capítulo de Nehemías o a algún salmo que apele a Dios. Spurgeon solía decir que cuando nos resulta difícil orar, «podemos recurrir en cualquier momento a la justicia, la misericordia, la fidelidad, la sabiduría, la longanimidad, la ternura de Dios, y descubriremos que cada atributo del Altísimo es, por decirlo así, un gran ariete con el cual podemos abrir las puertas del cielo». Cualquiera que sea nuestro estado emocional o espiritual, podemos llegar a Dios sabiendo que su gracia nunca termina. Él es el Dios fiel que cumple sus promesas.

Compartan algunas de las promesas de Dios en las Escrituras que hayan sido alentadoras en sus vidas, especialmente en tiempos difíciles. Conviertan estas promesas bíblicas en oraciones de acción de gracias.

---

3. El Dios santo que requiere obediencia (1.5-7)

> Señor, Dios del cielo, grande y temible, que cumples el pacto y eres fiel con los que te aman y obedecen tus mandamientos. (1.5)

> Te suplico que me prestes atención, que fijes tus ojos en este siervo tuyo que día y noche ora en favor de tu pueblo Israel. Confieso que los israelitas, entre los cuales estamos incluidos mi familia y yo, hemos pecado contra ti. Te hemos ofendido y nos hemos corrompido mucho; hemos desobedecido los mandamientos, preceptos y decretos que tú mismo diste a tu siervo Moisés. (1.6, 7)

Después de revisar las promesas del pacto de Dios, Nehemías pasa a un tiempo de confesión. Porque este también era un pacto de responsabilidad humana: la obediencia a Dios importaba. El juicio de Dios que produjo la destrucción de Jerusalén fue el resultado de su pecado. Entonces se deduce que, si estaba a punto de apelar a Dios por la restauración de la ciudad y su gente, tendría que ser a partir de la confesión de aquellos pecados que habían llevado a su destrucción.

Nehemías no se distancia; se identifica con el pueblo y reconoce su propia pecaminosidad ante Dios. No se perciben en él actitudes farisaicas o de superioridad. Esdras hace algo muy parecido. Al descubrir la infidelidad de la gente, se arrodilla y ora: «Dios mío, estoy confundido y siento vergüenza de levantar el rostro hacia ti, porque nuestras maldades se han amontonado hasta cubrirnos por completo; nuestra culpa ha llegado hasta el cielo» (Esd 9.6). Este tipo de solidaridad es importante. Es muy fácil criticar a la iglesia o distanciarnos de sus fallas, pero cuando el Espíritu Santo trabaja, nos muestra que nosotros también somos culpables.

Si lamentarnos por el estado de nuestra iglesia y nuestro país es una de las lecciones de este capítulo, entonces confesar a Dios nuestros pecados es parte de ese proceso. Nehemías solo conocería la bendición de Dios en cuanto él y el pueblo expresaran un arrepentimiento genuino por su infidelidad.

Una de las características más notorias en los relatos de avivamiento es la conciencia de la monstruosidad del pecado y la voluntad de confrontarlo con el arrepentimiento. Mientras escuchamos el desafío de la Palabra de Dios y permitimos que el Espíritu Santo revise nuestras actitudes, nuestro comportamiento, nuestros hábitos, nuestras motivaciones y nuestras prioridades, nosotros también comenzaremos a ver el pecado como Dios lo ve, y responderemos como lo hizo Nehemías.

Sobre la base de las convicciones sólidas que hemos destacado, finalmente, en actitud de sumisión, Nehemías presenta su solicitud. Él ora al Dios poderoso que cumple sus planes, al Dios fiel que cumple sus promesas y al Dios Santo que exige obediencia.

Ahora, en el contexto de un compromiso renovado, Nehemías presenta su petición a Dios: «Señor, te suplico que escuches nuestra oración, pues somos tus siervos y nos complacemos en honrar tu nombre. Y te pido que a este siervo tuyo le concedas tener éxito y ganarse el favor del rey» (1.11).

Nehemías oró día y noche durante meses. Lo que dio forma al futuro no fue su diplomacia ni sus habilidades políticas y administrativas. Fue su completa dependencia en el Dios del cielo.

Santidad es una palabra que al parecer se usa cada vez menos en nuestro vocabulario cristiano. ¿Cuál crees que es la razón?

De manera similar, la confesión dentro de la alabanza ocupa un lugar menos importante que la adoración exuberante. ¿Dónde crees que está el equilibrio?

A veces preferimos criticar a los demás en lugar de reconocer nuestra parte en los fracasos de la iglesia. Nehemías no es el único personaje bíblico en identificarse con los fracasos del pueblo de Dios. ¿Puedes pensar en otros ejemplos? ¿Qué lecciones podemos extraer de nuestras propias actitudes? (Por ejemplo, lee Is 6.1-10; Jer 8.21–9.6; Ro 9.1-5).

Para mayor investigación

A continuación, algunos pasajes bíblicos que son como ropa que nos queda grande, y para la cual debemos crecer. Toma un buen tiempo para leerlos. Toma nota de lo que dicen sobre el carácter de Dios y sus acciones. Utilízalas como fundamentos para tu propia oración.

Éxodo 15.1-18
1 Reyes 8.22-53
Nehemías 9.5-37
Hechos 4.23-31
Efesios 3.14-21

Para reflexionar

Reflexionen juntos sobre cómo nuestras oraciones hoy difieren de las oraciones de Nehemías. ¿Hasta qué grado debemos anticipar estas diferencias y en qué medida deberíamos tratar de imitar a Nehemías?

Regresen a la lista de características que hicieron al comienzo de la sesión. Ahora que han visto la comprensión que Nehemías tenía sobre Dios, pueden agregar más características a la lista si así lo desean. Después tomen un tiempo para orar los unos por los otros, basándose en cada uno de estos atributos de Dios.

Capítulo 3

La prioridad de la perspectiva de Dios

Tema central

¿Puedes recordar alguna ocasión en la que hayas estado en la cima de una montaña, o en el piso más alto de un edificio, y hayas tenido una vista panorámica del mundo que hay debajo? ¿Qué hace que ese tipo de experiencia sea tan liberador? ¿Crees que hay algún equivalente espiritual?

Lee: Nehemías capítulo 2
Versículos clave: Nehemías 2.17, 18
Estructura:

1. El tiempo de Dios (2.1-9)
2. El control de Dios (2.10-20)

Se cuenta la historia de un estudiante de la universidad de Oxford que, al finalizar su último año académico, escribió esta carta a sus padres:

Queridos mamá y papá:

Sé que no han oído mucho de mí en estos últimos meses, la verdad es esta. Unas semanas atrás, hubo un incendio en mi departamento y perdí todas mis posesiones. De hecho, apenas pude escapar saltando del segundo piso. Al hacerlo me rompí una pierna, así que terminé en el hospital. Afortunadamente, allí conocí a la más maravillosa enfermera. Inmediatamente nos enamoramos y, bueno, en pocas palabras, el sábado pasado nos casamos. Muchos de nuestros amigos dicen que esto fue demasiado precipitado, pero estoy convencido de que nuestro amor compensará nuestras diferencias sociales y étnicas. En este momento, mamá y papá, sospecho que pueden estar preocupados, así que déjenme decirles que todo lo que he escrito en esta carta es falso. Lo inventé. La verdad es que hace dos semanas reprobé mis exámenes finales. Solo quería que entendieran esto con la perspectiva adecuada.

Nehemías quería tener la perspectiva adecuada de los problemas que tenía por delante. Estoy seguro de que lo mismo aplica a cada cristiano. Es vital que ganemos la perspectiva de Dios para nuestras vidas, nuestro llamado y nuestra iglesia. Existen dos características específicas en las que nos concentraremos.

1. El tiempo de Dios (2.1-9)

El capítulo 2 comienza después de cuatro meses durante los cuales Nehemías se lamentó, ayunó y oró. Gradualmente llegó al punto de formular su petición de oración. Ahora todo dependía del tiempo de Dios. Nehemías era un activista, y su disposición a esperar el tiempo de Dios para responder su oración es impresionante. Cualquier acción prematura de su parte habría amenazado todo el proyecto.

Pasaron semanas hasta que un día el rey Artajerjes le preguntó a Nehemías por qué se veía tan triste (2.2). Estar triste delante del rey era una ofensa punible, y los comentaristas no se ponen de acuerdo si Nehemías decidió deliberadamente verse triste aquel día, o si dados los cuatro meses de ayuno y lamentación era inevitable que eventualmente el rey viera su deterioro físico y emocional. De cualquier manera, Nehemías estaba preparado para responder a la pregunta del rey.

Observa su respuesta, cuidadosamente elaborada: «¡Que viva Su Majestad para siempre! ¿Cómo no he de estar triste, si la ciudad donde están los sepulcros de mis padres se halla en ruinas, con sus puertas consumidas por el fuego?» (2.3). Entonces, cuando el rey le preguntó: «¿Qué quieres que haga?» Nehemías estaba listo para describir todo lo que necesitaba hacer para regresar a Jerusalén, reconstruir la muralla y el pueblo (2.5-9). Además de orar, había hecho su tarea. Él dependía de Dios, pero también estaba preparado para tomar la iniciativa.

No hay duda de que para muchos de nosotros los tiempos de espera son los periodos más exigentes del discipulado cristiano. Para cualquiera que tenga una mentalidad activista, estos cuatro meses de espera por la voluntad de Dios y evaluar cuando sería bueno actuar pudieron haber sido una tortura. Pero a menudo este es el camino que Dios nos llama a transitar. Muchas veces estamos equivocados si pensamos que la oración nos dará una salida rápida.

Hace muchos años atrás, Fred Milsom escribió una carta a un periódico:

> Curiosamente, perdura la noción de que la oración es simplemente pedirle a Dios cosas como si estuviera a nuestra entera disposición. Dean Inge una vez recibió una carta de una señora que decía que oraba diariamente por su muerte y que había tenido éxito en varias ocasiones anteriores. Cuando, inexplicablemente, George Hirst fue retirado del equipo de cricket inglés, un domingo por la noche en la reunión de oración de una capilla metodista en Yorkshire se ofreció la siguiente oración: «Oh Dios, abre los ojos de los entrenadores». Pero no suele funcionar así, como bien lo sabe aquel que estudió poco, pero oró para aprobar sus exámenes. La oración no es una máquina tragamonedas donde pones tu dinero y obtienes chocolate.

El proceso de la oración es uno por el cual comenzamos a pensar los pensamientos de Dios, deseamos las cosas que él desea y comenzamos a amar las cosas que él ama. Es un proceso por el cual comenzamos a ver las cosas desde su punto de vista. El tiempo de espera es a menudo un tiempo donde Dios puede transformarnos. Esto es lo que sucedió durante los cuatro meses de oración de Nehemías. Su famosa oración rápida y directa debe leerse en este contexto: «Encomendándome al Dios del cielo, le respondí» (2.4-5).

Es algo así como las señales no verbales que dos personas que se conocen muy bien pueden utilizar. Mi esposa solo tiene que levantar las cejas y yo entiendo lo que quiere decir. Personas que han pasado mucho tiempo juntas pueden comunicarse rápidamente, como la oración de Nehemías en el versículo 2.4. Fue efectiva precisamente porque surgió de una vida de oración. Nehemías conocía a «su Dios» y pudo discernir de inmediato que este era el momento preciso para actuar.

Que este era el tiempo de Dios está señalado claramente en el versículo 2.8: «El rey accedió a mi petición, porque Dios estaba actuando a mi favor». Debió de haber sido la mano de Dios. La decisión de permitir que Nehemías regrese y reconstruya Jerusalén requirió que el rey hiciera un giro drástico en su política. Previamente había ordenado que se detuvieran los trabajos de reconstrucción (Esd 4.15, 21). Ahora tenía que revertir su política exterior. Es posible que la inestabilidad política de ese tiempo hiciera que Artajerjes viera la sensatez de fortalecer a Judá como un «estado colchón» entre Persia y un Egipto bastante inestable. Pero aun si era una movida política sensata, seguía siendo por la mano de Dios.

Hace unos años, algunos de mis amigos se vieron afectados por una restricción de actividades religiosas en Azerbaiyán. Tras la intervención del ministro de defensa noruego, que era cristiano, el presidente de Azerbaiyán revirtió por completo su política en torno a la libertad religiosa, dejando libres a los pastores y otorgando solicitudes para la construcción de iglesias. Fue un cambio total de dirección, y Dios es capaz de lograr esto si es su propósito. Hubo mucha oración e intervención política, pero en última instancia, todos los involucrados decían, junto con Esdras y Nehemías «la bondadosa mano de Dios había estado conmigo» (ver también Esd 7.6, 9, 28; 8.18; Neh 2.18).

Solo el Dios del cielo podía hacer que el rey autocrático de Persia revirtiera su política exterior, y puede hacer lo mismo con los detalles de tu vida y la mía, así como con la política internacional. Muchos cristianos luchan con preguntas desconcertantes acerca del impacto del mal, la oposición contra las iglesias, o los aparentes retrasos en el accionar de Dios en nuestra vida familiar o personal. En tales circunstancias, debemos mantener la prioridad del tiempo de Dios. Él sabe lo que es mejor. Como Pedro dijo a los creyentes oprimidos de su época: «El Señor no tarda en cumplir su promesa… Pero el día del Señor vendrá…» (2P 3.9-10).

¿Ha habido momentos en tu vida cuando, recordando al pasado, pudiste ver cómo el tiempo de Dios era el correcto, aunque en el momento solo parecía una situación difícil? Comparte esto con el grupo y tómense un momento para agradecer a Dios por el cuidado personal que nos da.

¿Hay situaciones en tu vida o en la de tu iglesia donde anhelas la intervención de Dios, y donde el tiempo de espera parece demasiado difícil de soportar? Si puedes mencionar estas situaciones a otros en el grupo, conviértelas en motivos de oración.

Existen muchas partes del mundo donde nuestros hermanos creyentes se identificarían con el título de este libro: La fe bajo amenaza. En grupo compartan si tienen alguna noticia sobre cristianos perseguidos, y oren juntos por la intervención de Dios.

Visita algunas páginas que dan más información sobre cristianos que enfrentan persecución. Por ejemplo: Puertas Abiertas es un ministerio que ofrece recursos, capacitación y apoyo a los que están siendo perseguidos por su fe en Cristo. www.puertasabiertasal.org

---

2. El control de Dios (2.10-20)

Contar con la perspectiva de Dios es vital en cada área de nuestras vidas. Nos puede vencer el pesimismo y el desánimo o podemos ignorar los desafíos y descartar cualquier oposición. Pero debemos ver las cosas tal como son y también como pueden llegar a ser.

A los pocos días de llegar a Jerusalén, el texto nos dice: «Esa noche salí por la puerta del Valle hacia la fuente del Dragón y la puerta del

Basurero. Inspeccioné las ruinas de la muralla de Jerusalén, y sus puertas consumidas por el fuego» (2.13). Nehemías estaba evaluando las necesidades cuidadosamente. No se apresuró a la acción; quería tener una perspectiva realista sobre el desafío que tenía por delante. La destrucción era considerable. Piedras grandes habían caído al valle, bloqueando el paso a caballo (2.14). Como Jesús enseñaría, Nehemías estimó el costo antes de construir la torre, y eso es parte del proceso en cualquier trabajo que Dios nos llama a hacer.

Esta perspectiva también es realista en cuanto a la oposición a la obra de Dios que siempre encontraremos como pueblo de Dios. Nehemías insinúa esto en el versículo 2.10. Estaba en peligro de alterar el equilibrio de poder. Los vecinos de Judá tenían un interés personal en mantener débil a Jerusalén. Los versículos 19 y 20 del capítulo 2 ilustran la confrontación aún más directa que Nehemías enfrentaría a medida que avanzara la construcción. Enfrentarían hostilidad a cada paso, pero el trabajo en el que participaban era la obra de Dios. Este es el cambio de perspectiva que necesitamos cuando nos sentimos desalentados por los escombros o intimidados por la oposición.

Nehemías les dice a sus compañeros: «Ustedes son testigos de nuestra desgracia. Jerusalén está en ruinas, y sus puertas han sido consumidas por el fuego. ¡Vamos, anímense! ¡Reconstruyamos la muralla de Jerusalén para que ya nadie se burle de nosotros! Entonces les conté cómo la bondadosa mano de Dios había estado conmigo y les relaté lo que el rey me había dicho» (2.17, 18). «El Dios del cielo nos concederá salir adelante» (2.20).

Nehemías insta al pueblo a ver las cosas como podrían ser. Él genera lo que podríamos llamar una «expectativa divina»: la capacidad que Dios da para ver lo que puede llegar a ser, en lugar de lo que es. Esto es básico en la labor cristiana. George Carey llama a la falta de visión «una enfermedad terminal eclesiástica». La gente desanimada en Jerusalén necesitaba más que el poder del pensamiento positivo. Sus corazones y mentes necesitaban ser reanimados para ver lo que Dios podía hacer. Y lo mismo ocurre con nosotros. Necesitamos estar insatisfechos con lo que ocurre y desarrollar una expectativa viva de lo que, por la gracia de Dios, podría pasar en nuestras vidas, en nuestras iglesias, en nuestra causa o en nuestra misión.

Nehemías debía apartarlos de «las ruinas y la desgracia» (1.3 y 2.17) y trasladarlos hacia la «bondadosa mano de Dios» (2.18). Esta actitud alienta a que «los ancianos tengan sueños y los jóvenes visiones». Es Josué que le dice al pueblo: «Prepárense, cruzaremos el Jordán»; es Nehemías que les dice: «¡Vamos, anímense! ¡Reconstruyamos la muralla de Jerusalén!» El momento crítico para el cambio de perspectiva fue ver que Dios estaba detrás del proyecto. «El Dios del cielo nos concederá salir adelante» (2.20). Esta es una prioridad fundamental que necesitamos en nuestro propio servicio al Señor: es la obra de Dios. El gran misionero Hudson Taylor fue el que dijo: «Lo que necesitamos no es una gran fe, sino tener fe en un gran Dios».

Raymond Brown, comentando respecto a los últimos versículos del capítulo 2, nos recuerda que lo que marca la diferencia para Nehemías y su equipo es su doctrina sobre Dios: su trascendencia y su inmanencia. Su trascendencia: «el Dios del cielo nos concederá salir adelante» (2.20); su inmanencia: «Entonces les conté cómo la bondadosa mano de Dios había estado conmigo». Como Raymond Brown lo expresa: «Hay un trono eterno además de una mano amorosa».[1]

¿Cómo podemos fortalecer nuestra visión o nuestras expectativas divinas? ¿Cómo podermos estar seguros que no nos estamos haciendo ilusiones?

¿Por qué los dos temas respecto a la trascendencia de Dios (su trono) y su inmanencia (su mano) necesitan permanecer unidos?

Para mayor investigación

Lee Josué capítulo 1. Intenta identificar similitudes en las actitudes de liderazgo de Josué y Nehemías. ¿Cómo cada uno de ellos motivó a la gente de su tiempo, y qué lecciones podemos extraer sobre cómo podemos animar a otros dentro de la familia cristiana?

---

1. Raymond Brown, *The Message of Nehemiah: The Bible Speaks Today* (Leicester: IVP, 1998), 58.

Para reflexionar

Hemos visto cómo afirmar el tiempo y el control de Dios es fundamental para vivir vidas de acuerdo con las prioridades de Dios. ¿Puede alguien del grupo contar ejemplos de momentos en sus vidas cuando, recordando el pasado, pudieron ver cómo el tiempo de Dios fue significativo, o cómo el control de Dios en el desenlace de los eventos fue especialmente evidente? ¿Qué hacemos en los momentos de nuestras vidas cuando parece que las cosas están fuera de control, y cómo podemos renovar nuestra fe en la soberanía del Señor en momentos así?

Pasen un buen tiempo agradeciendo a Dios que nuestras vidas, nuestras familias, nuestras iglesias y nuestro mundo, están verdaderamente en sus manos. Gracias a Dios por «su trono eterno y su mano amorosa».

Revisión de la Sección 1: Nehemías 1 y 2

Piensen en los tres temas principales de esta sección e intenten resumir sus respuestas:

- ➤ La prioridad del llamado de Dios: ¿estamos sirviendo a Dios con vigor en donde nos ha colocado? ¿Tenemos corazones receptivos, preparados para aceptar los desafíos de la obra de Dios?
- ➤ La prioridad de los propósitos de Dios: ¿nos hemos comprometidos para conocer más a Dios, confiando en sus promesas, obedeciendo sus mandamientos, sirviendo sus propósitos y creyendo en su poder para cambiar las cosas?
- ➤ La prioridad de la perspectiva de Dios: ¿estamos confiando en él, en su tiempo y en su control, recordando su trono eterno y su mano amorosa?

Segunda parte

Edificar el pueblo de Dios

Nehemías 3 y 5

Edificar el pueblo de Dios

Introducción

Recientemente conocí a un hombre polaco que vivía en Australia y trabajaba en Asia. Regresaba a su hogar en Polonia y, mientras conversábamos, describió cómo se sentía con respecto a su vida: «No tengo idea de quién soy ni a dónde pertenezco». Era evidente que no se refería a una desorientación física o geográfica, sino a una profunda crisis de identidad y pertenencia. Esta es probablemente una de las quejas más comunes, no solo en la cultura joven actual, sino también entre personas de cualquier edad. Hay una profunda crisis de pertenencia. Muchos factores han contribuido a esta desorientación y desarraigo, pero uno de los factores más significativos es la fractura en las relaciones sociales.

En su libro *Love and Friendship* (amor y amistad), el comentarista social estadounidense Allan Bloom escribe: «El aislamiento, una sensación de falta de contacto con otros seres humanos, parece ser la enfermedad de nuestro tiempo».[2] En una encuesta reciente a estudiantes universitarios se les pidió identificar su mayor problema. El ochenta por ciento respondió: la soledad. En mi país, a diferencia de aquellas partes del mundo donde el núcleo familiar es más extenso y normal, sufrimos una enfermedad occidental: Se calcula que en más del treinta por ciento de los hogares británicos vive una sola persona, unos 7.6 millones de unidades apartadas (o «átomos cívicos» como popularmente se les dice). Si a eso se agregan las estadísticas de divorcio y desintegración familiar, la imagen es clara: la sensación de aislamiento emocional y alienación social es una realidad cotidiana para muchas personas. Pocos de nosotros somos ajenos al dolor de relaciones desintegradas. Incluso como cristianos a veces sentimos una soledad muy profunda. No es de extrañar, entonces, que aquellos que desean alentar a la iglesia en su tarea misional, nos animen a reflexionar sobre la importancia de un tema bíblico central: la comunidad.

---

2. Allan Bloom, *Love and Friendship* (New York: Simon & Schuster, 1993).

Llegar a comprender y vivir según las enseñanzas bíblicas respecto a una verdadera comunidad sería contracultural hoy en día. Si realmente llegásemos a vivir como el pueblo de Dios, sería profundamente atractivo para este mundo de aislamiento social. La fórmula del pacto de Dios, «Yo seré Su Dios, ustedes serán mi pueblo», se repite en todo el Antiguo Testamento y se expresa en el Nuevo Testamento en la realidad de la iglesia, la nueva sociedad de Dios. Este es el lugar donde la verdadera comunidad debería expresarse.

A veces vemos al libro de Nehemías como un libro maravilloso sobre liderazgo, y lo es. Pero sería un error verlo únicamente como la historia de un personaje. Su tema subyacente no es tanto la importancia del liderazgo, ni la importancia de la construcción de una muralla. Es la historia de la restauración del pueblo de Dios, la comunidad de Dios.

Los capítulos 8 al 13 de Nehemías expresan esto de varias maneras. En los capítulos 7, 10, 11 y 12 encontramos listas bastante largas de personas, identificando quiénes eran sus antepasados y de qué lugar provenían. Podríamos preguntarnos por qué aparece este tipo de listas en los libros bíblicos, pero todo esto fue parte del proceso de definir la identidad y fortalecer la solidaridad como comunidad de Dios, ahora que habían vuelto del exilio.

El tema de reconstruir el pueblo de Dios está presente claramente en los capítulos anteriores, a los que ahora nos referimos. En Nehemías 3 miraremos a la comunidad en acción, y en el capítulo 5 a la comunidad en riesgo. Estos capítulos resaltarán el hecho de que el tema de la Fe bajo amenaza tiene repercusiones corporativas importantes para nosotros que pertenecemos a la familia de Dios.

Capítulo 4

La comunidad en acción

Objetivo: aprender más respecto a cómo podemos
desarrollar una comunidad cristiana

Tema central

¿Puedes recordar ejemplos positivos desde tu propia experiencia donde hubo un sentido de propósito compartido que marcó la diferencia en tu familia, trabajo o áreas específicas de servicio cristiano? Puede ser cualquier tipo de ejemplo, desde trabajar juntos para construir un guardarropa, prepararse para un viaje, desarrollar un proyecto de trabajo en equipo, etc. Explica al grupo qué hizo que estas experiencias fueran tan positivas.

Lee: Nehemías capítulo 3
Versículos clave: Nehemías 3.1-12
Estructura:

1. Un propósito compartido
2. Un espíritu cooperativo
3. Un liderazgo comprometido

La tarea de reconstruir la muralla se convertiría en un importante proyecto comunitario. Tan importante como reparar y reconstruir la muralla y las puertas de la ciudad, la experiencia en sí misma reuniría a la comunidad fragmentada de Jerusalén. El capítulo 3 revela varias características importantes de la construcción de la comunidad que valen la pena destacar. Cada uno tiene su paralelo contemporáneo para que nosotros reflexionemos sobre este tema: ¿cómo podemos desarrollar una comunidad cristiana hoy? Revisaremos tres prioridades clave.

1. Un propósito compartido

Vale la pena recordar que el exilio fue un golpe devastador para el pueblo de Dios. La destrucción del templo, el colapso de la ciudad, la evacuación de la población, todos esos eventos habían puesto en tela de juicio su lugar como pueblo de Dios. Así que el proyecto de construcción que comienza aquí en el capítulo 3 es, en realidad, parte integral de la reconstrucción de una comunidad destrozada, del pueblo que le pertenecía a Dios.

Reconstruir la muralla tendría varios efectos. Primero, sería un testimonio del poder de Dios, como hemos visto en el discurso alentador de Nehemías en el capítulo 2: «El Dios del cielo nos concederá salir adelante» (2.20). Pero también expresa su determinación de ser santos, distintos, separados de otras naciones en su fidelidad a Dios.

Gordon McConville señala la importancia de la muralla como símbolo. «Los muros, como las banderas, pueden proporcionar identidad y solidaridad. Es en estos términos que debemos interpretar esta actividad. El Señor le estaba dando a su pueblo una insignia, otra muestra, junto al templo, de que eran su pueblo».[1] Lo que queda claro, al leer el capítulo 3, es el sentido de solidaridad, el propósito compartido, la conciencia de grupo. Estaban trabajando juntos de todo corazón. No estaban simplemente despejando escombros y trasladando rocas, se estaban dedicando a algo mucho más grande.

Se cuenta la historia del capataz de una obra de construcción que le pregunta a uno de los constructores: «¿Qué estás haciendo?», a lo que el constructor responde: «Estoy rompiendo rocas». Luego le hace la misma pregunta a un segundo constructor: «Estoy ganando dinero para mi familia» —responde. Cuando se dirige al tercero, con un brillo en los ojos —este le responde: «Estoy construyendo una catedral». Todos sabemos que el objetivo de nuestro trabajo afecta radicalmente la forma en la que lo llevamos a cabo. Si estamos inspirados podemos soportar casi cualquier inconveniente, superar casi cualquier obstáculo.

Para las personas del capítulo 3, construir la muralla fue un testimonio. Se trataba de una ciudad especial. En el capítulo 1, Nehemías lloró ante la noticia de la desgracia de esta ciudad en ruinas. Ahora, la

---

1.   J. G. McConville, *Ezra, Nehemiah and Esther, The Daily Study Bible* (Edinburgh: St. Andrew's Press, 1985), 88.

reconstrucción de la muralla era un reflejo de la gloria de Dios. Era su ciudad. Era su presencia la que moraría ahí (1.9).

Uno puede notar un propósito compartido desde el principio de la reconstrucción. «Entonces el sumo sacerdote Eliasib y sus compañeros los sacerdotes trabajaron en la reconstrucción de la puerta de las Ovejas» (3.1). Ubicada en la esquina noreste, esta puerta proporcionaba un fácil acceso al templo y su nombre probablemente vino de las ovejas que entraban para el sacrificio. Es significativo que Nehemías comience el trabajo ahí, dirigido por los sacerdotes, cerca del templo. El versículo continúa: «Ellos la dedicaron» (ver NTV). Consagraron esta sección de la obra para la gloria de Dios. Cuando se completó la muralla, celebraron su dedicación completa, con marchas y cantos (12.27).

No se trataba de un simple proyecto de construcción: «pues el pueblo trabajó con entusiasmo» (4.6). Tenían un propósito compartido en sus corazones, sabían que se trataba de la obra de Dios y que era para su gloria. Este propósito los inspiró, dio vigor a sus músculos, los impulsó a avanzar con el trabajo de reconstrucción.

En el siglo XXI, nuestras circunstancias son completamente diferentes, pero el principio aquí es extremadamente pertinente para el desarrollo de la comunidad cristiana. La efectividad de la misión de la iglesia depende, en gran medida, de este tipo de solidaridad corporativa y propósito compartido enfocados en el Señor Jesús. Como dice Pablo en Efesios 2.21-22, en su metáfora de la construcción: «En él todo el edificio, bien armado, se va levantando para llegar a ser un templo santo en el Señor. En él también ustedes son edificados juntamente para ser morada de Dios por su Espíritu».

Este tipo de solidaridad está constantemente bajo ataque, y todas las iglesias enfrentan el desafío de «mantener la unidad del Espíritu mediante el vínculo de la paz» (Ef 4.3). Uno de los objetivos principales de Satanás es atacar este sentido de propósito compartido entre los cristianos. Hará todo lo posible para interrumpir cualquier obra de Dios, alejando a las personas de su intención unificada de hacer lo que Dios quiere para la gloria de Dios, e inducirá diversas formas de caos autodestructivo. En mi experiencia de vida de iglesia, a menudo son las cosas más pequeñas. Déjame dar algunos ejemplos de la vida real: desacuerdos sobre el color de las paredes del edificio de la iglesia, sobre el uso del himnario, o incluso la forma en la que se deben ordenar los asientos. Aunque parezca sorprendente, los cristianos se desvían de su tarea principal por exactamente este tipo de desacuerdos insignificantes.

La verdadera comunidad cristiana será fortalecida cuando su propósito sea claro, y trabajemos juntos de todo corazón para lograrlo.

¿Puedes pensar en distracciones típicas en tu vida de iglesia que impiden este tipo de propósito compartido? ¿Qué podemos hacer al respecto?

No podemos esperar que no haya desacuerdos dentro de la familia cristiana, pero ¿cómo la lección de esta sección puede ayudarnos a manejar nuestras diferencias y desacuerdos?

---

2. Un espíritu cooperativo

A medida que leemos las memorias de Nehemías, obtenemos la impresión de que toda clase de personas se unieron para lograr un único propósito. A lo largo del capítulo hay frases como «junto a él», «junto a ellas» y cada persona trabajaba «lado a lado», independientemente de sus antecedentes. La lista del capítulo 3 muestra que trabajaron en cuarenta secciones diferentes de la muralla, personas de diferentes unidades familiares, diferentes pueblos, diferentes oficios y profesiones, diferentes géneros, sirvientes del templo, funcionarios del distrito, sacerdotes y levitas. Nehemías recorre la obra y registra cómo «los plateros y los comerciantes» (3.32) trabajaban junto a los sacerdotes en la puerta de las Ovejas (3.1).

En ciertos puntos, Nehemías claramente delega responsabilidad a otros, confiando en ellos para supervisar su sección. «El sector que sigue lo reconstruyeron los levitas y Rejún hijo de Baní. En el tramo siguiente Jasabías, gobernador de una mitad del distrito de Queilá, hizo las obras de reconstrucción por cuenta de su distrito» (3.17). Este tipo de esfuerzo de equipo fue esencial para terminar el trabajo, y casi todos ellos se pusieron en marcha, se subieron las mangas y estaban dispuestos a ensuciarse las manos. Vi un cartel recientemente que decía: «¡Trabajo en equipo significa jamás tener que asumir la culpa tú solo!» El trabajo en equipo es básico para toda labor cristiana.

En cualquier iglesia es fundamental crear un sentido de que la labor pertenece a toda la comunidad. Los líderes han sido llamados a equipar a otros para la labor ministerial, como Pablo lo demuestra en Efesios 4. Toda persona, cualquiera que sea su ocupación, origen, género, ha sido llamada a desempeñar su papel. El ministerio de movilizar a todo el pueblo de Dios es muy necesario en nuestras iglesias. Se calcula que en la iglesia un promedio del noventa por ciento del trabajo lo cumple el diez por ciento de las personas.

¿Has escuchado esta parábola?

> Un equipo de rugby tuvo una excelente primera temporada. Solo había quince miembros en el club, pero todos eran jugadores, y ganaron todos los partidos. Sin embargo, después de dos o tres años, dos de ellos murieron y tres se mudaron a otra ciudad, por lo que al equipo le faltaban dos delanteros de la primera fila y las tres cuartas partes del centro. Pero continuaron jugando valientemente con solo diez jugadores. El club tenía algunos espectadores y un grupo interesado alentaba al valiente equipo, aunque ahora comenzaron a perder partidos, como era de esperarse ya que tenían cinco jugadores menos. Pasaron los años y otros jugadores abandonaron el equipo, terminaron con solo una fila de atrás y dos medios. Sin embargo, ahora tenían muchos más espectadores. Pero como el equipo tenía diez jugadores menos, siempre perdían, y en su mayor parte los espectadores se burlaban y criticaban su desempeño. Finalmente, los últimos jugadores murieron o se trasladaron, pero el club seguía existiendo y se reunían regularmente para discutir sobre rugby, pero por la ausencia de los demás miembros ya no asistían a más partidos, aunque frecuentemente hablaban de la posibilidad de participar en uno.

En la iglesia hay miles de espectadores en las gradas que desesperadamente necesitan algo de ejercicio y un pequeño equipo de hombres y mujeres en la cancha que necesitan un descanso.

El énfasis que el Nuevo Testamento ofrece respecto a la comunidad cristiana, exige la participación ministerial de cada miembro de la iglesia, una participación total de todos los que están comprometidos con el Señor. Todos los miembros encuentran su lugar en este desarrollo, sin importar su origen, ocupación o género, sin importar cuán joven o viejo sea un creyente, y todos trabajan dentro de esa rica diversidad para servir con los dones que Dios les ha dado.

El propósito de los líderes es multiplicar, no monopolizar el ministerio (ver Ef 4.16). Una parte central de su llamado es trabajar duro para liberar a todo el pueblo de Dios, alentándoles a participar en el programa de construcción al que Dios los ha llamado.

Muchas veces hablamos de un ministerio para cada miembro de la congregación. ¿Pero cómo podemos encontrar nuestro lugar en la misión de la iglesia?

Piensa en las distintas personas involucradas en la labor de tu iglesia. ¿De qué maneras puedes animar a cada uno a servir?

---

3. Un liderazgo comprometido

Junto con el sumo sacerdote y los demás sacerdotes, diversos líderes comunitarios y gobernantes se involucraron en la construcción de la muralla. Ese tipo de liderazgo desde el frente es esencial. La única nota discrepante en este capítulo aparece en el versículo 5, «Los de Tecoa reconstruyeron el siguiente tramo de la muralla, aunque sus notables no quisieron colaborar con los dirigentes». Hugh Williamson señala que el versículo en hebreo se lee literalmente: «No prestaron su cerviz a la obra… la imagen sugiere soberbia (duros de cerviz) en lugar de falta de entusiasmo».[2]

No era simplemente que tal trabajo era demasiado indigno para ellos. Estos nobles se sentían ofendidos por el liderazgo de Nehemías. No comprendieron el espíritu del proyecto: la obra de Dios para su gloria.

---

2. H. G. M. Williamson, *Word Biblical Commentary: Ezra, Nehemiah* (Waco, TX: Word Books, 1985), 196.

En cambio, estaban más interesados en su posición social. La actitud de estos nobles también se encuentra en la iglesia. Y también va en detrimento de la verdadera comunidad.

Esta actitud aparece como espíritu de competencia, de búsqueda de posición social o de envidia. Pablo describe algunas de las actitudes que tuvo que enfrentar en Filipenses 1. Algunos se caracterizaban por ser envidiosos (1.15): no soportaban que alguien fuera más exitoso que ellos. Había rivalidad (1.15): disfrutaban de menospreciar el trabajo de los demás, imaginando que el trabajo cristiano era una competencia. Finalmente, había ambición egoísta (1.17), como si estuvieran postulando a un puesto político. Estas personas no estaban interesadas en el avance del reino, sino en establecer una base de poder para su propio trabajo.

Este tipo de politiquería en la iglesia es muy desagradable, pero Pablo pudo superarlo. A él no le preocupaba el prestigio ni la gloria personal. «Lo más importante» —dijo él— «es que Cristo sea predicado». Ese es el tipo de liderazgo comprometido que necesitamos demostrar; no se trata de mi reputación, mi estatus, mi posición, mi denominación, sino la causa de Cristo.

Estas tres simples lecciones son vitales para construir una comunidad cristiana hoy en día: un alegre compromiso con un mismo objetivo, la disposición a trabajar junto a otros, y líderes que sirven, apoyan y movilizan al pueblo de Dios.

Para algunos de los líderes, el orgullo parece haber sido el meollo del problema. ¿Qué otras actitudes encontramos en nuestras propias vidas que nos impiden trabajar con una actitud positiva junto con otros creyentes? ¿Cómo se pueden superar estos obstáculos?

¿Crees que buscamos las mismas cualidades de liderazgo en un dirigente de iglesia como lo hacemos con un funcionario público o empresario? ¿Existen algunas cualidades del liderazgo cristiano que deberían ser diferentes?

Para mayor investigación

En Filipenses 1.12-20, Pablo habla de los motivos ambivalentes de las personas que sacaron ventaja de su encarcelamiento. Mientras leen el pasaje, hagan una lista de las diversas actitudes y acciones de las personas (incluyendo a Pablo) que trabajaban a favor o en contra de la comunidad cristiana.

Para reflexionar

Seguramente que luego de haber estudiado este pasaje, han recordado ocasiones donde pudieron colaborar en su iglesia local. Piensen en algunas maneras prácticas en las que las cualidades para la construcción de una comunidad (que hemos visto en Nehemías 3) pueden ser desarrolladas en las siguientes situaciones. Si los siguientes ejemplos parecen demasiado inalcanzables, elijan un proyecto en su iglesia que todos conocen.

> ➤ La iglesia ha decidido enviar un equipo para que inicien una nueva obra en una urbanización cercana.
> ➤ El grupo de jóvenes quiere organizar una escuelita de vacaciones para los niños.
> ➤ El equipo pastoral ha identificado que varios ancianos de la iglesia no están recibiendo la atención que merecen.
> ➤ Los líderes creen que es hora de organizar una semana de evangelización.

Capítulo 5

La comunidad en riesgo

Objetivo: darse cuenta del peligro que trae el divisionismo en el pueblo de Dios

Tema central

Muchos de nosotros nos interesamos inicialmente en la fe cristiana gracias a la influencia de un amigo o la calidez de alguna iglesia. Si esta fue tu experiencia, ¿cuáles fueron las características que te impresionaron de esta persona o grupo?

Lee: Nehemías capítulo 5
Versículos clave: Nehemías 5.1-13
Estructura:

1. Desigualdad destructiva (5.1-5)
2. Grave contradicción (5.7-9)
3. Confrontación honesta (5.10, 14-19)
4. Solidaridad práctica (5.12,13)

En Nehemías 3 vimos cómo el pueblo de Dios se había motivado para trabajar con una notable unidad y propósito. Pero ahora Nehemías escribe sobre problemas internos, que pudieron tener consecuencias muy serias no solo para la vida de la comunidad, sino también para su testimonio ante las naciones que les rodeaban. Todo el proyecto de reconstrucción de la muralla habría sido de poco valor si, al mismo tiempo, el pueblo mismo no se reconstruía.

¿Cuál era el problema?

1. Desigualdad destructiva (5.1-5)

Está claro, a partir de estos versículos, que el problema se encontraba dentro de la familia, en la comunidad. Algunos hombres y sus esposas protestaron enérgicamente contra sus hermanos judíos. Algo sucedía que podía ocasionar fracturas y divisiones. El problema giraba en torno a una crisis económica, y los versículos iniciales muestran que surgieron tres quejas:

Versículo 2: algunos de los que trabajaban en la muralla eran muy pobres. No tenían ningún terreno y no tenían ninguna fuente de ingreso mientras estaban en Jerusalén, así que sus familias comenzaron a pasar hambre.

Versículo 3: se identifica a un segundo grupo. Tenían propiedades, pero tuvieron que entregarlas a prestamistas e hipotecar sus campos, viñedos y hogares para pagar los alimentos que, costaban más y más por causa de la hambruna.

Versículo 4: Un tercer grupo tenía que pedir prestado dinero para pagar los tributos que el rey exigía.

Versículo 5: En efecto, tal era la dificultad que algunas familias tuvieron que vender a sus hijos como esclavos por sus deudas. «De hecho, hay hijas nuestras sirviendo como esclavas, y no podemos rescatarlas, puesto que nuestros campos y viñedos están en poder de otros». La palabra «esclavas» podría incluso tener connotaciones de abuso sexual. Los acreedores eran compatriotas, de su misma sangre.

Aquí vemos la clásica espiral que conduce a la trampa de la pobreza. La comunidad que debía conocerse por el nombre de Dios y por proclamar los valores de Dios estaba siendo tratada con injusticia y explotación, y esto provocaba indignación. Esto sucedía en medio del proyecto de construcción. De hecho, no se trataba de una sola comunidad, sino que eran dos comunidades: los explotadores y los explotados, los poderosos y los desfavorecidos.

Vemos un gran contraste con el propósito compartido y el espíritu cooperativo del capítulo 3, o la fuerza colectiva que veremos en el capítulo 4. Había algo que estaba destrozando la comunidad. Para ponerlo en contexto, en términos de lo que permitía la ley, los acreedores no actuaban ilegalmente, pero en el contexto de una verdadera comunidad, el espíritu de la ley exigía algo diferente. Aprovecharon técnicas jurídicas para usurpar tierras para sus propios intereses egoístas y explotaban a gente pobre que era parte de su propia comunidad.

La aplicación es simple: el egoísmo y la codicia son enormemente destructivos para una verdadera comunidad. Los profetas del Antiguo Testamento condenaron estas actitudes y prácticas. Reconocieron cómo esa avaricia, opresión e injusticia destruía familias y comunidades. La pobreza y la deuda produjeron divisiones espantosas entre el pueblo de Dios. Eso condujo a este clamor angustiante: «y no podemos rescatarlas, puesto que nuestros campos y viñedos están en poder de otros». Como Chris Wright comenta en su libro respecto a la autoridad moral del Antiguo Testamento: «Este clamor suena a asuntos muy modernos».[1] La impotencia de muchos hoy, ya sea en la sociedad en general o incluso dentro de nuestras iglesias, se genera también por razones similares de desigualdad y división.

En el Nuevo Testamento, la codicia no era vista como un vicio privado. Tendemos a pensar que lo que hacemos con nuestras posesiones es nuestro propio problema. Pero vale tomar nota de 1 Corintios 5.10-11. Aquí Pablo enumera a los transgresores que serán excluidos de la iglesia. Todos ellos han cometido delitos públicos o comunitarios: inmoralidad sexual, idolatría, calumnia, borrachera, estafa, todos tienen un impacto en la comunidad. Pablo también incluye a los avaros en la lista; los menciona dos veces. Son personas que se niegan a hacer el bien dentro de la familia de los creyentes. «Por lo tanto, siempre que tengamos la oportunidad, hagamos bien a todos, y en especial a los de la familia de la fe» (Gá 6.10).

La actitud que insiste en buscar el beneficio personal, pero que es indolente frente a las necesidades de los demás, es incompatible con el verdadero sentido de pertenecer al pueblo de Dios, ya sea en el Antiguo o el Nuevo Testamento o en la iglesia de hoy en día.

«Puesto que nuestros campos y viñedos están en poder de otros». ¿Hay personas o grupos en tu propia comunidad cristiana en situaciones similares de vulnerabilidad? ¿Qué podemos hacer para cambiar esto?

---

1. Christopher J. H. Wright, *Living as the People of God* (Leicester: IVP, 1983), 193. Hay edición en castellano, Christopher J. H. Wright, *Viviendo como pueblo de Dios: la relevancia de la ética del Antiguo Testamento,* (Barcelona: Publicaciones Andamio, 1996).

En la lista de pecados comunitarios, a la que nos referimos anteriormente, Pablo incluye a los avaros. ¿Qué crees que significa ser codicioso? ¿De qué maneras se manifiesta hoy en la iglesia?

2. Grave contradicción (5.7-9)

Nehemías destaca la contradicción interna de tal comportamiento dentro de la comunidad. «¡Es inconcebible que sus propios hermanos les exijan el pago de intereses!». Son sus hermanos. Pertenecen a la familia. En el versículo 8 Nehemías describe, con ironía, otro elemento contradictorio: «Hasta donde nos ha sido posible, hemos rescatado a nuestros hermanos judíos que fueron vendidos a los paganos. ¡Y ahora son ustedes quienes venden a sus hermanos, después de que nosotros los hemos rescatado!».

Los judíos se comprometieron a hacer todo lo posible para rescatar a sus familiares que habían sido vendidos como esclavos a los gentiles. Pagaron cierto rescate para liberarlos. Ahora, después de todos los esfuerzos por rescatar a sus familiares de los extranjeros, los acreedores estaban creando una nueva forma de esclavitud dentro de su propia comunidad. Había una grave contradicción interna, y ellos lo sabían. El libro de Nehemías lo expresa brevemente: «Todos se quedaron callados, pues no sabían qué responder» (5.8).

Nehemías insiste aún más: «Yo añadí: —Lo que están haciendo ustedes es incorrecto. ¿No deberían mostrar la debida reverencia a nuestro Dios y evitar así el reproche de los paganos, nuestros enemigos?». La contradicción dentro de la comunidad era clara. Pero ¿qué clase de mensaje estaban dando a las personas fuera de la comunidad? Había una incoherencia externa.

Nehemías está hablando una vez más sobre el honor del nombre de Dios. La manera en que la comunidad se comportaba reflejaba a Dios mismo. Las naciones alrededor de Judá mirarían su comportamiento y sacarían conclusiones sobre el Dios a quien ellos adoraban. Su vida comunitaria pretendía ser un desafío radical para las naciones a su alrededor. Nehemías tenía razón al dar a entender que esa injusticia, egoísmo, avaricia —una falta de generosidad y solidaridad en la comunidad— incentivaban las críticas de parte de los gentiles y era un mal ejemplo respecto al nombre de Dios y su reputación.

Por supuesto, lo mismo sucede el día de hoy. Cualquier forma de división dentro de la comunidad cristiana no solo impacta a la propia comunidad internamente, sino que daña nuestra credibilidad a los ojos de un mundo que nos observa. Una vez le preguntaron a un pastor si tenía una congregación ocupada. «Claro que sí» —respondió— «la mitad de ellos trabaja conmigo, ¡y la otra mitad trabaja en mi contra!»; El pastor eligió una forma graciosa para resaltar un serio problema.

Unos ciento cincuenta años atrás, Richard Baxter escribió: «El público toma nota de todo este divisionismo y no solo nos ridiculiza, sino que se endurece contra la religión. Cuando tratamos de persuadirlos, ven tantas divisiones que no saben cuál elegir y piensan que es mejor no plegarse a ninguna. Así cientos aumentan en su desprecio a cualquier religión, por causa de nuestras divisiones».[2]

Hay una enorme brecha de credibilidad cuando decimos que estamos unidos y somos una comunidad y sin embargo no lo demostramos en nuestras vidas. Si bien esto tiene que ver con la forma en que vivimos como pueblo de Dios en general, este pasaje también tiene una aplicación específica a temas relacionados con la justicia social y económica.

En su libro sobre la religión de la codicia, Brian Rosner cuenta cómo, en el segundo siglo, un filósofo griego que se convirtió al cristianismo intentó caracterizar a los cristianos de su tiempo. Elaboró un perfil que demostraba que los cristianos vivían de forma diferente a los paganos en tres maneras muy obvias.

Primero, no practicaban la idolatría. Segundo, no practicaban la inmoralidad sexual. Y, en tercer lugar, «Si ven a un extraño, lo traen bajo su techo. Si se enteran de que uno de los suyos está preso o angustiado… todos ellos recurren a ayudarlo… Y si hay entre ellos alguien que sea pobre y necesitado… ayunan durante dos o tres días para que puedan suministrarle la comida necesaria».

Rosner resume: «En la iglesia primitiva, compartir las posesiones fue tan fundamental para el cristianismo como lo fueron la adoración exclusiva al Dios verdadero y el asunto de la pureza sexual».[3]

---

2. Richard Baxter, *The Reformed Pastor* (Grand Rapids, MI: Christian Classics Ethereal Library, 2002), 89.

3. Brian Rosner, *How to Get Really Rich* (Leicester: IVP, 1999), 132.

Los cristianos necesitamos vernos a nosotros mismos, no como una colección de individuos, con prioridades y necesidades separadas, sino como miembros de una comunidad, el cuerpo de Cristo, con todos sus privilegios y obligaciones.

El énfasis del Nuevo Testamento en el don de la hospitalidad significó más que entretenerse los unos a otros como invitados: era un compromiso de ayudar a los viajeros, proporcionar un lugar para que los cristianos se pudieran reunir y preocuparse, de formas prácticas, por los desfavorecidos. La palabra hospitalidad literalmente significaba «amor a los extraños».

Tengo un amigo que define la hospitalidad así: «¡hacer que las personas se sientan como en su propia casa cuando quisieras que estuviesen allí!» Por supuesto, que la hospitalidad es costosa, ya sea en términos de tiempo, dinero o incomodidad, pero este tipo de generosidad tiene una base teológica. Dios te ha aceptado y recibido en su familia; ahora muestra esa misma generosidad con los demás.

¿Puedes recordar ocasiones en las que tus amigos no cristianos hayan sido conmovidos por algún aspecto que vieron en la comunidad cristiana o, por otro lado, que con razón hayan criticado a la iglesia?

¿Es realista pensar que la iglesia puede de veras ser una comunidad distinta? ¿Hay alguna diferencia entre nosotros y el grupo de amigos de un club deportivo, o los comensales que siempre se reúnen en un restaurante local? ¿Si es así, cómo?

¿Puedes recordar personas que sufren marginación en la iglesia, aquellas que pasan desapercibidas, pero que necesitan nuestra atención y hospitalidad? Conversen de este asunto.

---

3. Confrontación honesta (5.10, 14-19)

Mis hermanos y mis criados, y hasta yo mismo, les hemos prestado dinero y trigo. Pero ahora, ¡quitémosles esa carga de encima! Yo les ruego que les devuelvan campos,

> viñedos, olivares y casas, y también el uno por ciento de la plata, del trigo, del vino y del aceite que ustedes les exigen. Está bien —respondieron ellos—, haremos todo lo que nos has pedido. Se lo devolveremos todo, sin exigirles nada. (5.10-12)

Ahora es tiempo de actuar. Nehemías pide rápidamente la cancelación inmediata de deudas e intereses, y también la devolución de cualquier propiedad que se haya utilizado como pago. En este asunto hubo también un problema a nivel personal, que dice mucho sobre el liderazgo de Nehemías en una situación como esta.

El recuento de Nehemías no solo muestra su disposición a enfrentar el fracaso, sino también su compromiso con la generosidad. En 5.14-19, que es otra sección autobiográfica, Nehemías describe sus propios motivos y comportamiento. Los gobernadores de la ciudad que le precedieron «habían impuesto cargas sobre el pueblo» (5.15). Correspondía hacer esto porque tenían que contar con cuentas sustanciales para cubrir sus propias responsabilidades. Pero Nehemías explica que debido a la presión que pasaba la gente, él no haría lo mismo, sino que cubriría los costos por su propia cuenta. Nehemías nos da dos razones por las que no aprovechó esta situación.

En primer lugar, «por temor a Dios, no hice eso. Al contrario, tanto yo como mis criados trabajamos en la reconstrucción de la muralla y no compramos ningún terreno» (5.15, 16). Basado en su compromiso con el Dios que lo llamó a reconstruir la ciudad y su pueblo, Nehemías quiso ser decididamente diferente a los anteriores gobernadores, aquellos que «oprimían al pueblo» (5.15).

En segundo lugar, «nunca utilicé el impuesto que me correspondía como gobernador, porque ya el pueblo tenía una carga muy pesada» (5.18). Aquí Nehemías demostró su fraternidad y solidaridad con la gente, y se negó a imponerles más cargas. Tenía derecho a hacerlo, pero él mismo prefería cargar con el costo que añadir a las cargas de sus compañeros. Quizá recuerden sus dos motivos cuando Jesús ofreció un resumen de la ley: amor por el Dios que lo había llamado a esa labor y amor por los demás que pertenecían a la misma familia.

Nuestra cultura enfatiza más nuestros derechos que nuestras responsabilidades. ¿Qué derechos dejamos a un lado cuando cumplimos nuestra parte en la iglesia?

---

4. Solidaridad práctica (5.12, 13)

Finalmente, Nehemías invoca a la gente a la acción. Dado que la gente estuvo de acuerdo con sus propuestas para devolver la tierra, tomar medidas para restablecer la igualdad y actuar generosamente, Nehemías los invoca a que presten juramento que cumplirán su palabra (5.12, 13). Esto fue vital para el cumplimiento de la tarea inmediata de construir la muralla. Pero más que eso, era básico para lograr el compañerismo entre el pueblo de Dios. La comunidad era un lugar de pertenencia, un lugar de inclusión y seguridad. Nehemías sacude los bolsillos de su túnica, como ayuda visual: «Luego me sacudí el manto y afirmé: ¡Así sacuda Dios y arroje de su casa y de sus propiedades a todo el que no cumpla esta promesa! ¡Así lo sacuda Dios y lo deje sin nada!» (5.13).

No podemos escapar de la aplicación de un pasaje como este a nuestro propio tiempo. Cada uno de nosotros tendrá que reflexionar sobre lo que significa para nosotros, con nuestros variados antecedentes económicos y sociales, y las diferentes comunidades cristianas a las que pertenecemos. Pero permítanme sacar una o dos conclusiones:

Primero, la igualdad y la generosidad surgen de fundamentos teológicos básicos. En 2 Corintios, Pablo dedica dos capítulos al tema de la ofrenda para las necesidades de los cristianos desfavorecidos en Jerusalén. No se trataba simplemente de cubrir necesidades; para Pablo también era una expresión de solidaridad entre cristianos judíos y gentiles. Ayudar económicamente a otros era una señal clara de la unidad de creyentes de diferentes orígenes culturales. Pablo incluso lo llamó «el privilegio de tomar parte en esta ayuda para los santos» (2Co 8.4). La generosidad desinteresada era la señal de una verdadera comunidad, que se expresaba cruzando fronteras nacionales y culturales.

La iglesia primitiva, facultada por el Espíritu, predicó el amor de Dios en Cristo, en el contexto de una comunidad comprometida a demostrar ese amor. Ciertamente tenían sus problemas, pero no se debatía el evangelismo ni la acción social. El evangelio se expresaba con predicaciones poderosas, evangelismo fructífero, generosidad extraordinaria para los necesitados, y con una comunidad cristiana profundamente caritativa.

Segundo, si realmente viviéramos de esta manera, tendríamos un testimonio poderoso para un mundo fracturado que anhela ver una verdadera comunidad. Vinculado a esto está el problema de nuestra solidaridad, no solo dentro de nuestra propia comunidad cristiana sino también nuestra solidaridad con el pueblo de Dios en todo el mundo. ¿Qué ocurre con nuestra comunidad cristiana globalmente? ¿Hasta qué punto estamos realmente comprometidos con ella? ¿Respondemos en términos de compañerismo práctico y apoyo financiero?

Muchas organizaciones cristianas intentan equilibrar recursos limitados, alentando a quienes Dios ha bendecido materialmente a ayudar a los que están sufriendo crisis económicas. Mientras reflexionamos sobre lo que significa ser una verdadera comunidad, debemos evaluar quiénes son el equivalente a los desfavorecidos en Jerusalén, y también tenemos que trabajar para construir relaciones sólidas con cristianos en todo el mundo.

Es interesante notar lo que Lucas escribe al final de Hechos 2: «Y cada día el Señor añadía al grupo los que iban siendo salvos» (Hch 2.47). ¿A qué tipo de comunidad añadía personas el Señor? «De casa en casa partían el pan y compartían la comida con alegría y generosidad, alabando a Dios y disfrutando de la estimación general del pueblo» (Hch 2.47). Así como este tipo de comunidad era profundamente atractiva en ese entonces, también lo será hoy en día. Esto es exactamente el tipo de comunidad que nuestro mundo necesita ver.

Lee 1 Juan 3.16-18. ¿Por qué el argumento de Juan es tan poderoso para animar a la acción práctica?

¿A qué se refería Lucas cuando dijo que la iglesia disfrutaba de «la estimación general del pueblo»? ¿Es posible disfrutar de esa estima hoy en día?

Para mayor investigación

2 Corintios 8 y 9 es una de las secciones bíblicas más enfocadas en la gracia de la generosidad cristiana. En estos dos capítulos, Pablo comparte muchos principios sobre cómo compartir generosamente. Anótalos y piensa cómo los puedes aplicar tú y tu iglesia.

Para reflexionar

Como grupo, ¿pueden pensar en un proyecto específico que podrían realizar para expresar de una manera práctica los temas que hemos estudiado? Podría ser recolectar un pequeño fondo para un misionero, apadrinar a un niño, o a una comunidad en necesidad.

Revisión de la sección 2: Nehemías 3 y 5

Nehemías 3 y 5 resaltan los aspectos positivos y negativos de la comunidad cristiana. Mientras reflexionas sobre la dinámica de estos dos capítulos, ¿qué ejemplos positivos de la vida en comunidad existen dentro de tu propia iglesia? Den gracias a Dios por esto, y oren por aquellas áreas de la vida de la iglesia y su unidad que podrían estar bajo amenaza.

Como grupo, ¿por qué no consideran escribir una carta para animar a los líderes de la iglesia? ¿O escribir cartas de agradecimiento a los miembros de la iglesia cuyo trabajo muchas veces no es reconocido?

Esta sección también demuestra cómo la desigualdad puede ser una influencia destructiva en la comunidad cristiana. ¿Qué áreas crees que deben ser abordadas en tu propio contexto, y cómo puede el grupo animar a que la iglesia tenga un sentido más profundo de compañerismo y solidaridad?

Tercera parte

Reconocer la protección de Dios

Nehemías 4 y 6

Reconocer la protección de Dios

Introducción

Durante mi primera experiencia de navegación, frente a la isla escocesa de Mull, el clima estaba bastante severo y el bote se inclinaba a lo que parecía un ángulo de cuarenta y cinco grados. Esa fue una ocasión en la que tener una pierna más corta que la otra, como yo, fue una ventaja positiva. Todos los demás se caían, ¡mientras yo me mantenía en pie! Utilizamos una maniobra bastante incómoda para salir adelante: nos dirigimos contra el viento y cambiamos de dirección una y otra vez. El proceso fue dolorosamente lento, pero usábamos los vientos, que estaban en contra de nosotros, para poder avanzar hacia adelante. A menudo he pensado que se trata de un modelo realista de la espiritualidad bíblica. Tu progreso en la vida cristiana va a ser peleado, pero, por la gracia de Dios, esas mismas fuerzas de oposición pueden ser usadas por Dios para ayudarte a seguir adelante.

Cuando Pablo escribió a los tesalonicenses, les explicó eso, ya que debido a las presiones que enfrentaban, enviaría a Timoteo para alentarlos. ¿Por qué? «Para que nadie fuera perturbado por estos sufrimientos. Ustedes mismos saben que se nos destinó para esto, pues cuando estábamos con ustedes les advertimos que íbamos a padecer sufrimientos. Y así sucedió» (1Ts 3.3-4). Estás destinado a tener pruebas, dice Pablo. Juan Calvino, el influyente teólogo y reformador, dijo que este versículo era como si Pablo estuviese diciendo: «Son cristianos con esta condición: enfrentarán pruebas».

Los primeros cristianos sabían esto. La historia de Lucas en el libro de los Hechos a menudo parece ser el relato de dos movimientos: el movimiento del Espíritu Santo para establecer la iglesia y el movimiento de los poderes de las tinieblas que se oponen a ello. Así es hoy. Todos los que están involucrados en la obra de Dios se encontrarán bajo una presión incesante para rendirse. Se enfrentarán con oposición de toda clase, desde afuera y dentro de la comunidad cristiana.

Es mejor ser honesto respecto a ello. Existe el peligro de una forma de triunfalismo que sugiere que los cristianos siempre deben estar en lo alto. Una espiritualidad orientada al éxito. La vida cristiana, en estos términos, es una perpetua y positiva autorrealización. Si ese es tu modelo de vida cristiana, entonces, tan pronto te encuentres con dificultades, te desilusionarás, sintiendo que Dios te ha fallado; o te desesperarás, sintiendo que has fallado y defraudado a Dios, pensarás que hay algo malo con tu fe y por eso el progreso es tan exigente.

Todos aquellos que desean cumplir los propósitos de Dios, que corren la carrera a la cual Dios los ha llamado, se encontrarán enfrentando un obstáculo tras otro. Las dificultades no son un castigo, son una afirmación, debemos esperarlas. Cuando nos convertimos, experimentamos un cambio radical de lealtad. Somos liberados de un reino, el reino de las tinieblas, y transferidos al reino del amado Hijo de Dios. La neutralidad es imposible. Si ahora estamos en el reino de Dios, viviendo según los valores de Dios, inevitablemente estaremos en conflicto con un mundo que es hostil a Dios.

Sería fácil volverse paranoico y temer al futuro, pensando que esta es nuestra única perspectiva. Jesús equilibra este realismo con seguridad cuando nos dice en Juan 16.33: «En este mundo afrontarán aflicciones». Esa es la realidad. No hay formar de evitar ese tipo de confrontación. «Pero ¡anímense! Yo he vencido al mundo». Nos asegura que en esta lucha disfrutaremos de la protección de Dios. No importa cuán determinada y hostil sea la oposición, finalmente no tiene otra expectativa que la derrota final: «Yo he vencido al mundo».

El libro de Nehemías comienza con un hombre y un pueblo dedicados a cumplir una tarea encomendada por Dios. Lo ven como una prioridad absoluta y lo llevan a cabo con determinación. Por lo tanto, no nos debería de sorprender que la historia incluya una implacable oposición. La obra de Dios siempre es resistida.

En el caso de Nehemías, la oposición llegó tanto a nivel personal como comunitario. Los capítulos 4 y 6 narran no solo las diversas formas de ataque, pero también las respuestas específicas de Nehemías y el pueblo a la hora de contrarrestarlas.

Capítulo 6

Cuando las cosas se ponen difíciles

Objetivo: confrontar los distintos obstáculos que surgen
al trabajar para Dios

Tema central

¿Qué es lo más difícil de vivir una vida cristiana? Compartan sobre las distintas presiones que el pueblo de Dios enfrenta.

Lee: Nehemías capítulo 4
Versículos clave: Nehemías 4.1-12
Estructura:

1. Hostilidad de los enemigos de Dios (4.1-9)
2. Negatividad en el pueblo de Dios (4.10-12)
   a. El desánimo
   b. La intimidación
   c. El pesimismo

Los oponentes de Nehemías ya fueron presentados en el capítulo 2. Al oír que alguien había llegado a ayudar a los israelitas «se disgustaron mucho» (4.10), y les pareció un tanto gracioso que Nehemías intentara reconstruir la muralla (4.19). Una vez que los equipos de obreros se organizaron y motivaron, y la muralla comenzaba a levantarse, los oponentes lo tomaron más en serio. Cuando Sambalat se enteró que la muralla estaba siendo reconstruida, «se disgustó muchísimo y se burló de los judíos» (4.1).

Hubo muchas razones por las cuales surgió oposición. La ambición personal y los celos fueron sin duda parte de ello, pero una razón obvia era el poder económico. Una de las principales rutas comerciales de aquel día pasaba por Jerusalén, y una ciudad restaurada significaría la pérdida de supremacía económica para Sambalat, el gobernador de Samaria. A los gobernadores de las provincias vecinas claramente les disgustaba la idea de que su estatus económico y político se viera amenazado. Sambalat no quería ver a Jerusalén fuerte de nuevo, así que él y sus aliados estaban decididos a detener el programa de reconstrucción.

1. Hostilidad de los enemigos de Dios (4.1-9)

Comenzaron por ridiculizarlos: «¿Qué están haciendo estos desdichados y débiles judíos? ¿Creen que si ofrecen los suficientes sacrificios pueden reconstruir la muralla en un día? ¿Cómo creen que, de esas piedras quemadas, de esos escombros, van a hacer algo nuevo?» (4.2). Se trató del comienzo de una campaña constante, y el hecho de que Sambalat hablara en presencia de «sus compañeros y el ejército de Samaria» (4. 2), sugiere que se dirigía a ellos, tanto como a los judíos, para así construir su propia base de apoyo. La audiencia captaría el mensaje: estos eran unos judíos infelices, buenos para nada, incapaces de convertir este montón de escombros en una fortaleza duradera. A la multitud le encantó —nos podríamos imaginar esas risas y burlas.

Tobías, uno de los aliados cercanos a Sambalat, se sumó a la burla: «¡Hasta una zorra, si se sube a ese montón de piedras, lo echa abajo!» (4.3). Su broma enfermiza pretendía implicar que la oposición apenas necesitaba levantar un dedo. Los zorros por lo general vivían en ruinas, y solo era necesario que uno de los zorros de Jerusalén caminara por la muralla recién construida para derribarla. La investigación arqueológica indica que las paredes de Nehemías tenían hasta nueve pies de espesor, por tanto, lo que Tobías dijo era una tontería. Pero en esta primera etapa de su ataque, la oposición recurría a una guerra psicológica.

Este tipo de burla impacta a las personas de maneras distintas. Cuando el profeta Jeremías enfrentó este tipo de burla le afectó profundamente, como vemos en Jeremías 20.7-18. Seguramente la burla también habría afectado al pueblo de Dios mientras construía la muralla. Se enfrentaban a una tarea colosal con recursos limitados, en un proyecto que ya tenía una historia de fracasos. La burla no habría sido fácil de sobrellevar.

La burla, la hostilidad y el desprecio hacia la fe cristiana son comunes en muchas partes del mundo y aumentarán si somos fieles en proclamar la singularidad y exclusividad de Jesucristo. Puede ser la suave burla de personas en nuestra familia; o los chistes sobre el estilo de vida cristiano, o puede ser la hostilidad directa de aquellos que están en contra de nuestros valores y compromisos cristianos.

La respuesta de Nehemías a las burlas sarcásticas está registrada en los versículos 4 y 5, a lo que volveremos en un momento. Pero el pueblo siguió adelante con el trabajo. «Continuamos con la reconstrucción y levantamos la muralla hasta media altura, pues el pueblo trabajó con entusiasmo». En el momento en que la gente vio el progreso, la oposición comenzó a organizarse. Los enemigos «acordaron atacar a Jerusalén y provocar disturbios en ella» (4.8).

> ➢ La hostilidad estaba por aumentar y Nehemías presenta a sus oponentes en el versículo 7:
> ➢ Sambalat, que tenía un nombre babilonio y era el gobernador de Samaria, al norte.
> ➢ Tobías, que tenía un nombre hebreo, probablemente gobernaba sobre el territorio amonita, al este.
> ➢ Los árabes, que eran los vecinos de Judá hacia el sur.
> ➢ Los asdodeos, que estaban hacia el oeste.

Jerusalén estaba rodeada por cuatro provincias vecinas del imperio persa, que se habían unido contra el pueblo de Dios. Se debate si lograron llevar a cabo o no su intención hostil, pero la amenaza tenía que ser tomada en serio.

Hace poco, algunos de mis amigos que trabajan en Jerusalén instalaron un puesto en la Universidad Hebrea de Jerusalén para mostrar y distribuir literatura gratuita, Nuevos Testamentos y copias de un video sobre Jesús. Estaban bastante nerviosos de hacer esto públicamente, y recibieron todo tipo de reacciones. Algunos estaban fascinados y muy abiertos, otros estaban furiosos y ofendidos, y hasta destruyeron la literatura. Un hombre decidió desahogar su enojo por cuatro horas. Así es como mis amigos relatan la situación:

Sorprendentemente, nunca se cansó de gritar, pero el grupo de estudiantes logró un excelente sistema de rotación, ¡y se turnaban para soportar sus insultos! En la última noche, organizamos una charla donde los estudiantes podían venir y hacer preguntas a un panel de creyentes. Un grupo grande de religiosos se acercó, armados con todo tipo de preguntas que intentaban mostrar inconsistencias que ellos creían encontrar en el Nuevo Testamento. Para todos los involucrados fue una noche bastante agotadora. Después de que la discusión oficial terminara, se formaron varios grupos pequeños que continuaron hablando hasta que finalmente nos pidieron despejar el auditorio, poco antes de la medianoche. Estamos muy felices de tener nuevamente la oportunidad de tener un puesto el próximo mes.

Estos jóvenes creyentes tienen la determinación de proclamar el nombre de Jesús a pesar de la hostilidad. Seguramente fue difícil para los que estaban construyendo la muralla mantenerse fieles a su vocación en medio de las burlas de sus enemigos.

¿Alguien en el grupo recuerda alguna experiencia de haber tenido que enfrentar este tipo de burla y hostilidad? Describe cómo se siente, y como manejaste la situación.

¿La oposición te hace querer tirar la toalla, o te desafía a completar la tarea?

¿En sus diferentes ministerios, qué tipo de oposición enfrentan tu grupo o iglesia?

---

2. Negatividad en el pueblo de Dios (4.10-12)

Mientras el ataque externo cobraba impulso, algo sucedía entre el pueblo de Dios, que representaba otra forma de presión para Nehemías. Existían tres problemas específicos: desánimo (4.10), intimidación (4.11) y pesimismo (4.12).

a. El desánimo

> La gente de Judá decía: "Los cargadores desfallecen, pues son muchos los escombros; ¡no vamos a poder reconstruir esta muralla!" (4.10)

El desánimo era comprensible. Como lo indica el versículo 6, estaban a medio camino de completar el proyecto y ese siempre es el momento más difícil. Recientemente un amigo mío me compartió un comentario que leyó en un libro de cocina que estaba usando. Estaba preparando chuletas de cerdo con crema y champiñones, y en medio de la receta el autor escribió el siguiente comentario: «No te preocupes, siempre se ve horrible en esta etapa de la preparación».

A menudo esto ocurre en nuestro trabajo. A mitad de camino no tienes ni el beneficio del entusiasmo inicial ni la motivación que ocurre al ver el producto terminado. Es el momento más difícil para mantener un ritmo constante de trabajo y energía. Es parecido a escalar una montaña. Después del estallido inicial de entusiasmo, ves subida tras subida, sin poder ver la cumbre, y pronto concluyes que no lo lograrás.

El pueblo que trabajaba en la muralla estaba abrumado por el cansancio (la palabra para perder fuerza significa tropezar o tambalearse). Cargaban enormes rocas día y noche y estaban completamente desanimados por los montones de escombros que todavía había a su alrededor.

¿Estás cerca de tirar la toalla? Es una experiencia muy común. Muchos misioneros que retornan a sus países lo hacen por razones de salud, agotamiento emocional y enfrentan riesgos laborales similares a los que David Livingstone enfrentó hace más de ciento sesenta años. Un corresponsal médico comentó recientemente sobre una investigación publicada en la Revista Británica de Medicina, después de una encuesta que realizaron a unos doscientos misioneros británicos.

> Livingstone a menudo sufría de profundas depresiones. Entre 1853 y 1856 sufrió treinta ataques de malaria, y su esposa murió de esa enfermedad en el río Zambezi cuando tenía cuarenta años. En el momento en que Stanley lo encontró, sufría de agotamiento mental y

físico, le habían robado todos sus suministros y no tenía medicinas. Se encontraba casi al final del camino.

No podemos escapar de ese tipo de sentimientos físicos, emocionales y de agotamiento espiritual. En medio de una etapa particularmente exigente en nuestro trabajo, una de mis colegas dijo: «¡Lo único que me mantiene en pie es el continuo movimiento!» En otras palabras, si se detenía colapsaba. Todos los que están comprometidos con marcar la diferencia para el Señor, ya sea evangelizando o viviendo según los valores y las normas cristianas, encontrarán que con frecuencia se sentirán agotados por pelear en el frente de batalla.

¿Te imaginas cómo debió haberse sentido Nehemías? Aparte de que la muralla no estaba terminada, enfrentaba la burla, las amenazas, y la posibilidad de que sus enemigos utilicen violencia para amedrentarlos. Internamente ahora enfrentaba las quejas desesperadas de su propio equipo. A veces, este tipo de desánimo es una de las mejores armas del enemigo. Jim Packer habla sobre el problema de los «escombros actitudinales» en la iglesia.

> Los pastores y líderes espirituales de hoy, cuyas preocupaciones se extienden más allá de mantener la misión, y que buscan una extensión genuina del reino de Dios, se encuentran enfrentando una y otra vez lo que debe clasificarse como los escombros actitudinales: pereza, incredulidad, postergación, cinismo, ensimismamiento, peleas y acoso entre el pueblo del Señor, y muchos factores similares que obstaculizan y estorban el avance espiritual.[1]

b. La intimidación

> Y nuestros enemigos maquinaban: "Les caeremos por sorpresa y los mataremos; así haremos que la obra se suspenda". (4.11)

---

1.   J. I. Packer, *A Passion for Faithfulness* (London: Hodder & Stoughton, 1995), 108.

La intimidación comenzó a surtir efecto. El pueblo de Judá sufrió la campaña incesante del enemigo, que inyectaba una corriente continua de propaganda negativa. Esto debilitaba constantemente su moral y confianza. Es el tipo de cosas que Satanás hace en nuestras vidas también, susurrando en nuestros oídos, acusándonos, resaltando nuestras debilidades, prediciendo fallas, mintiendo acerca de las promesas de Dios. Enfrentarse a una oposición decidida es agotador. Nos podemos paralizar fácilmente ante la intimidación.

c. El pesimismo

> Algunos de los judíos que vivían cerca de ellos venían constantemente y nos advertían: "Los van a atacar por todos lados". (4.12)

El pesimismo dentro de la comunidad no debería haber sido una sorpresa. Los profetas de la perdición —que se encuentran en cualquier grupo del pueblo de Dios— vivían en los pueblos cercanos. Sin duda, bajo amenaza ellos mismos comenzaron a instar a la gente en Jerusalén a que abandonaran el barco antes de que fuera demasiado tarde. Su ciudad está condenada, les decían: «Los van a atacar por todos lados» (4.12). Dense por vencidos. No lo lograrán.

Cuando viajé a Alemania del Este durante el período comunista, escuché un chiste que fue uno de los muchos que ayudaron a la gente a mantener las cosas en perspectiva:

¿Cuál es la diferencia entre un optimista y un pesimista? Un pesimista dice: «Las cosas no pueden empeorar». Pero un optimista dice: «¡Sí, sí pueden!». Estoy seguro de que has conocido ese tipo de cristianos. Tienen un ministerio especial para el desánimo en la iglesia; su objetivo es mostrarnos que no se puede. Con amigos como estos, estoy seguro de que Nehemías pensó: «¿Quién necesita enemigos?».

Junto con la creciente presión sobre Nehemías y la comunidad, el capítulo 4 de Nehemías nos muestra cómo respondieron a la oposición. Siete veces en los capítulos 4 y 6, Nehemías escribe reflexiones personales que reflejan su dependencia en Dios. Tocaremos esto en el próximo capítulo, y aprenderemos cómo responder cuando nos enfrentamos a la hostilidad de los enemigos y al derrotismo entre el pueblo de Dios.

Uno de los líderes más generosos de la iglesia primitiva fue Bernabé, el «Consolador» (Hch 4.36). ¿Qué piensas que significa consolar y animar en la iglesia?

Para mayor investigación

Considera algunos de los ejemplos de oposición que enfrentó la iglesia primitiva, que Lucas registra en pasajes como Hechos 4.1-22; 5.17-42; 8.1-8; 19.8-20. ¿Cómo responden los cristianos en cada uno de estos relatos? ¿Qué lecciones tomarías para tu propia vida cristiana?

Para reflexionar

Piensa en las personas en tu iglesia que están pasando tiempos difíciles con su familia o en su trabajo porque son cristianos comprometidos. Y quizá alguien en el grupo sepa de iglesias en otras partes del mundo donde la hostilidad hacia su fe es una característica cotidiana. Hablen un poco sobre cómo debe ser eso para ellos, cómo esa hostilidad puede afectar a sus familias y su bienestar físico, emocional y espiritual. Pasen un tiempo orando por las personas que mencionaron.

Capítulo 7

Recuerda al Señor

Objetivo: aprender las estrategias más importantes
para manejar la oposición

Tema central

Conversen sobre ocasiones específicas en las que se hayan sentido bajo presión. ¿Qué les ayudó a lidiar con la presión?

Lee: Nehemías capítulo 4
Versículos clave: Nehemías 4. 4-9
Estructura:

1. Nehemías recordó la justicia de Dios (4.4, 5)
2. Nehemías recordó la protección de Dios (4.9)
3. Nehemías recordó el poder de Dios (4.14, 15)
4. Nehemías recordó el compromiso de Dios (4.20)

Cuando leemos la historia de la reconstrucción, no es difícil ver que Nehemías era un activista, alguien dispuesto a seguir adelante y capaz de movilizar a los demás. Pero significativamente, en este capítulo el texto muestra cómo Nehemías constantemente se volvió al Dios del cielo, el que lo había llamado para esta tarea. Cuando se enfrentaba a la oposición, esta era su posición predeterminada.

Existen cuatro características del Dios del cielo que Nehemías recuerda.

1. Nehemías recordó la justicia de Dios (4.4, 5)

> ¡Escucha, Dios nuestro, cómo se burlan de nosotros! Haz
> que sus ofensas recaigan sobre ellos mismos: entrégalos a
> sus enemigos; ¡que los lleven en cautiverio! No pases por
> alto su maldad ni olvides sus pecados, porque insultan a
> los que reconstruyen. (4.4, 5)

La oración de Nehemías ha provocado cierto desacuerdo entre los comentaristas. ¿Es un modelo de cómo debemos responder a nuestros enemigos? ¿No parece más bien una nota discordante en la historia? ¿Es cierto que Jesús nos enseñó a responder de una manera muy distinta en su Sermón del Monte (Mt 5.43-48)? ¿Acaso no nos instó Pablo a bendecir, no maldecir, a los que nos persiguen?

Por supuesto que todo esto es verdad. Pero al mismo tiempo debemos recordar que tales oraciones en el Antiguo Testamento reflejan una preocupación por el honor de Dios. Cuando los enemigos se oponen a los trabajadores de la muralla, en realidad se oponen a la obra de Dios. Es su nombre que está siendo burlado, su causa la que está siendo calumniada.

¿Qué hacemos con este tipo de oración? Los salmos imprecatorios (que incluyen maldiciones) y las oraciones de Nehemías y Jeremías son expresiones de enojo contra personas que están mostrándole sus pequeños puños a Dios, son expresiones de anhelo por ver cómo Dios se reivindica a sí mismo. Están preocupados por el honor de Dios. Nehemías vio que se burlaban del nombre de Dios y que su causa fue calumniada. Entonces, cuando vemos este tipo de expresiones de enojo, debemos de entender que son súplicas para que Dios sea fiel a su nombre y naturaleza, para que actúe con justicia y demuestre su autoridad universal.

Cuando Jesús se enfrentó a enemigos que lo insultaban, como escribió Pedro, «se entregaba a aquel que juzga con justicia» (1P 2.23). Cuando nos enfrentamos a la hostilidad de los enemigos de Dios, podemos estar seguros de que la justicia de Dios se cumplirá. En el Salmo 73, el salmista no podía entender por qué Dios había permitido el aparente éxito de los arrogantes y malvados que se le oponían, «hasta que entré en el santuario de Dios; allí comprendí cuál será el destino de los malvados» (Sal 73.17). Cuando entró a la presencia de Dios y se dio cuenta de que Dios es el juez de todos, recordó lo que sucedería al final. Entonces, cualquiera que sea la oposición a la cual nos enfrentamos, podemos estar absolutamente seguros de que se hará la justicia de Dios; sus propósitos no serán derrotados.

¿Es correcto pelear o defendernos como cristianos? ¿Cuál debería ser nuestro motivo si decidimos hacerlo?

El Salmo 73 nos anima a tomar una perspectiva a largo plazo. ¿Puedes pensar en situaciones en tu propia vida donde esto te podría ayudar?

---

2. Nehemías recordó la protección de Dios (4.9)

Oramos entonces a nuestro Dios y decidimos montar guardia día y noche para defendernos de ellos.

Sabiendo que se trataba de la obra de Dios, Nehemías continuó en oración, y alentó a la gente a unirse a él. «Oramos a nuestro Dios» — sabían que él los protegería de sus enemigos. No debemos subestimar la importancia de orar por la protección en nuestras propias vidas y por los ministerios cristianos. Quizás, como yo, estás agradecido por las personas que oran regularmente por ti y por tu familia. Estoy muy agradecido por el compromiso de buenos amigos que le piden al Señor diariamente que me proteja en mis viajes y que provea para nuestro ministerio.

Hace poco leí un informe de África Central sobre un joven pastor hutu y su familia que, cuando los soldados tutsis irrumpieron en su casa, les preguntaron si podían orar antes de morir. Después de orar, la familia se levantó lentamente y vio que los soldados se habían ido; no solo se habían ido de su casa sino lejos de su pueblo también. Más tarde, uno de los soldados tutsi que había estado allí, entró a su iglesia y dio este testimonio:

Verás, yo estaba allí cuando irrumpimos en tu casa. Mientras te arrodillabas a orar, yo era el que tenía a tus hijos en la mira con mi arma… cuando de repente un muro de fuego, feroz y potente, apareció y te rodeó. Ni siquiera podíamos ver más allá de las llamas. Debido al intenso calor sabíamos que la casa se quemaría así que huimos. Cuando salimos y vimos la casa consumida por el fuego, pero no destruida, huimos también de la aldea. Más tarde me di cuenta de que se trataba de un fuego enviado por Dios. Si así es como tu Dios responde, yo también quiero conocerlo. Estoy cansado de esta guerra y tantas muertes. Por eso vine esta noche.

Podría también contar historias de colegas que han perdido la vida por la causa de Cristo en los últimos años. Como cristianos no tenemos inmunidad ante el sufrimiento o el martirio, y no podemos comprender el misterio de por qué Dios interviene en algunas ocasiones y no en otras. Tenemos que confiar en sus buenos propósitos. La lista de héroes de la fe en Hebreos 11 demuestra que algunos fueron arrebatados de las fauces de la muerte, y otros fueron partidos en dos; ambos grupos confiaron en Dios de igual manera. Todo esto es parte del misterio.

Pero lo que sí sabemos es que se nos alienta a buscar la protección de Dios. A la luz de las presiones sobre las familias, los líderes cristianos y los ministerios evangélicos comprometidos, la protección de Dios es algo por lo que debemos orar diariamente. La Biblia nos anima a buscar la protección de Dios y no darla por sentado.

¿Cómo podemos estar «alertas a las estratagemas de Satanás» sin al mismo tiempo volvernos paranoicos?

¿Puedes dar un ejemplo de cómo has visto el cuidado y la protección de Dios en tu vida?

---

3. Nehemías recordó el poder de Dios (4.14, 15)

«Luego de examinar la situación, me levanté y dije a los nobles y gobernantes, y al resto del pueblo: "¡No les tengan miedo! Acuérdense del Señor, que es grande y temible, y peleen por sus hermanos, por sus hijos e hijas, y por sus esposas y sus hogares"».

Nehemías usa el lenguaje de su oración en el capítulo 1 para alentar a la gente a reenfocarse en el Dios de poder, el Señor soberano que logra sus propósitos. Ese tipo de reflexión coloca a la oposición en perspectiva.

Para el cristiano, recordar lo que Dios ha logrado por medio de Cristo nos da la perspectiva correcta para nuestra guerra espiritual. Colosenses 2 nos da un maravilloso mandato para nuestra oración, recordándonos de la certeza absoluta que tenemos de victoria en esta guerra, gracias a Jesús y su cruz.

«Desarmó a los poderes y a las potestades, y por medio de Cristo los humilló en público al exhibirlos en su desfile triunfal» (Col 2.15). La imagen es de poderes espirituales malignos, «los terroristas del infierno» que se quedan sin armas. En la cruz, Jesús derrotó a todos los poderes del mal, triunfó sobre sus enemigos, liberó a los cautivos y destruyó al maligno. No estamos libres de nuestra lucha contra las fuerzas hostiles, pero sabemos que el resultado final de la batalla es absolutamente seguro. Lo que Jesús hizo en la cruz significa que las fuerzas de la oposición enfrentan la ruina final.

Es como ver la grabación de un partido de fútbol cuando sabes cuál equipo ganó. Te sientes tentado a creer que la oposición anotará otro gol y ganará, pero ya sabes el resultado. Y como creyentes, nosotros también sabemos el resultado de nuestra lucha. Debemos estar atentos a los ataques de Satanás, pero sobre todo debemos mantener nuestros ojos en Jesús, en el Señor resucitado que ha vencido a la muerte.

Satanás, los principados y potestades y la muerte misma no tienen otra expectativa que la ruina. El enfoque de esa victoria en nuestras vidas y en nuestro universo es el Señor Jesús, crucificado en debilidad y resucitado por el poder de Dios. Como el teólogo Fred Bruce dijo una vez: «No estamos luchando por una posición de victoria, sino desde una posición de victoria».

¿Cómo responderías a alguien que sugiere que, gracias al trabajo de Cristo en la cruz, no hay nada más que debamos hacer?

---

4. Nehemías recordó el compromiso de Dios (4.20)

Por eso, al oír el toque de alarma, cerremos filas. ¡Nuestro Dios peleará por nosotros!

En medio de la presión, este versículo sugiere que ahora la gente tiene una nueva determinación, una nueva valentía. Esta es la obra de Dios y, como el versículo 20 sugiere, Dios se compromete a cumplirla. Él está garantizando el resultado. «¡Nuestro Dios luchará por nosotros!»

La respuesta de Nehemías a los diversos ataques fue levantar los ojos al cielo: para recordar la justicia, la protección, el poder y el compromiso personal del Señor. Pero existe otra característica del pasaje que debemos notar. En varios puntos del texto, vemos el rasgo característico de la espiritualidad de Nehemías: la combinación de oración y acción. Entonces, junto con el llamado a recordar al Señor, debemos notar otra característica de su respuesta: «Oramos entonces a nuestro Dios y decidimos montar guardia día y noche para defendernos de ellos» (4.9).

Al tomar diversas precauciones y concentrar sus defensas, la gente fortaleció su sentido de solidaridad y de protección los unos a los otros; desarrollaron una actitud de alerta defensiva y vigilaban constantemente (4.16-18). No solo estaban listos para el ataque; vigilaban los lugares más bajos y vulnerables de la muralla. Se mantenían vestidos durante la noche (4.13), para estar preparados ante cualquier ataque a cualquier hora.

No debemos permanecer pasivos mientras oramos por la protección de Dios. En Efesios 6 Pablo nos dice: «Pónganse toda la armadura de Dios para que puedan hacer frente a las artimañas del diablo» (6.11). Esto no es un juego: necesitamos estar equipados, listos para usar el armamento que Dios ha provisto para nosotros. Necesitamos confiar en la Palabra y el Espíritu de Dios en nuestras vidas, estar alerta a las artimañas de Satanás y permanecer de pie uno junto al otro en la batalla, orando en el Espíritu. «Fortalézcanse con el gran poder del Señor» (6.10).

Tómate un momento de silencio para reflexionar en los puntos vulnerables de tu propia vida, aquellas áreas con posibilidades de tentación y debilidad.

¿De qué maneras puedes fortalecer las defensas en esas áreas?

¿Qué partes de la armadura cristiana necesitas especialmente? Busca la ayuda del Señor pidiéndole que te equipe para que puedas progresar en esa área específica.

Para mayor investigación

Lee Efesios 6.10-19. ¿Qué representa cada parte de la armadura de Dios en la práctica? ¿Qué puedes aprender del propio ejemplo de Pablo en este pasaje?

Para reflexionar

La respuesta de Nehemías a la oposición es mantener sus ojos en el Señor. ¿Es esa nuestra respuesta automática? ¿Cómo podría convertirse en una parte más natural de nuestra vida cristiana? ¿Qué cosas prácticas nos ayudarían a seguir este ejemplo más seriamente?

Abrir un tema como este seguramente planteó algunos desafíos difíciles o abrió algunas viejas heridas. Oren juntos por la presencia del Señor y su protección para el grupo y por las necesidades especiales que puedan haber identificado.

Capítulo 8

Afrontar los ataques personales

Objetivo: aprender a reaccionar frente a presiones personales
en nuestras vidas

Tema central

Imagina que tienes un trabajo que debes terminar y no te entusiasma mucho hacerlo. ¿Te mantienes enfocado o te distraes fácilmente? ¿Puedes dar algunos ejemplos de tu propia vida (o de tu familia) respecto al tipo de cosas que te distraen cuando tienes que hacer un trabajo difícil?

Lee: Nehemías capítulo 6
Versículos clave: Nehemías 6.1-13
Estructura:

1. Distracciones que interfieren con la tarea (6.1-4)
2. Un desafío a su reputación (6.5-9)
3. La tentación de hacer concesiones (6.10-14)

Como si la oposición que Nehemías enfrentó hasta ahora no fuera suficiente, tuvo que afrontar tres desafíos más.

1. Distracciones que interfieren con la tarea (6.1-4)

Ya para el capítulo 6, la muralla estaba casi terminada, y podríamos pensar que la oposición se habría dado cuenta de su derrota. Pero no, la oposición estaba allí en el principio del capítulo 1, estaba allí a la mitad del capítulo 4, y está aquí en el capítulo 6. La oposición a la obra de Dios no solo es inevitable, sino que es constante. La enfrentaremos hasta que finalmente lleguemos a nuestro hogar en el cielo. Los enemigos estaban activos al comienzo, a mitad de camino y al final de la construcción. Pero los ataques tomaron un enfoque más sutil y un giro más difícil. Se concentraron en el propio Nehemías.

El primer ataque, formulado inicialmente en términos diplomáticos, fue un intento de parte de Sambalat para eliminar a Nehemías. Llegó un mensajero sugiriendo que era hora de negociar. «Tenemos que reunirnos contigo en alguna de las poblaciones del valle de Ono» (6.2). Reunámonos y conversemos. Esto no era más que un engaño, como señala Nehemías: «En realidad, lo que planeaban era hacerme daño» (6.2). El trabajo estaba en sus etapas finales, y Nehemías sabía que, aparte del tiempo que perdería en viajar hasta la llanura de Ono, el mayor peligro era viajar sin sus amigos.

Entonces, ¿cuál fue su respuesta a esta forma de oposición? Fue claro e indiscutible: «Estoy ocupado en una gran obra, y no puedo ir. Si bajara yo a reunirme con ustedes, la obra se vería interrumpida» (6.3). Cuatro veces enviaron el mismo mensaje (6.4): no seas tan cerrado, Nehemías, sé razonable. Pero se negó a ceder. La prioridad principal era el trabajo que Dios le había llamado a hacer, y no se distraería ni se desviaría de ello. Esta es una forma común de ataque contra nosotros los cristianos, ¿no es así? Satanás a menudo susurra: «Lo has hecho bien, puedes relajarte un poco. No hay necesidad de ser un fanático». Desvíos y distracciones de toda clase nos tientan constantemente.

A veces pueden ser cosas completamente legítimas, lo que significa que el llamado principal se descuida. Sucedió en la iglesia primitiva. Lucas registra en Hechos 6 cómo los apóstoles fueron confrontados con un problema dentro de la comunidad cristiana que no solo tenía el potencial de causar división, sino que también podía desviarlos de sus tareas principales. Sabiamente llamaron inmediatamente a otros para lidiar con el problema, para que así ellos pudieran poner su atención en el ministerio de la Palabra y la oración.

Necesitamos aprender de la respuesta de Nehemías. Ante la distracción, recuerda tu llamado.

La lealtad de los cristianos a veces puede estar dividida.
¿Puedes pensar en algunos ejemplos?

> «Estoy ocupado en una gran obra, y no puedo ir», dijo
> Nehemías (6.3). ¿Cómo definirías la obra que Dios te ha
> llamado a hacer, de la cual no debes distraerte?

2. Un desafío a su reputación (6.5-9)

Habiendo fallado en alejar a Nehemías de la obra, Sambalat decidió cambiar de estrategia. En el quinto intento, el ayudante de Sambalat llegó con una carta pública. Permítanme parafrasearla: «Se rumorea que en realidad están planeando una revuelta armada contra el rey persa y que quisieras ocupar el trono. ¿Tienes algo que decir al respecto?» (6.6).

Una carta pública era el equivalente a una carta dirigida al periódico nacional. Era una acusación difamatoria, y ahora era de conocimiento público, fuera del control de Nehemías. Como hemos visto, el rey había frenado el programa de reconstrucción de la muralla anteriormente (Esd 4), precisamente por ese tipo de acusaciones. Sambalat estaba adoptando una campaña de desprestigio para chantajear a Nehemías. Es lo que en la jerga política se conoce como «investigación de la oposición». Se trata de fabricar algo que desprestigie a la persona, algo de suciedad que se le quede pegado. La única defensa de la víctima es una conciencia tranquila. Y Nehemías pudo responder con integridad: «Nada de lo que dices es cierto. Todo esto es pura invención tuya» (6.8).

La capacidad de vivir nuestras vidas con integridad es la única protección contra este tipo de calumnia. Es impresionante que cuando Pablo fue criticado, ofrecía frecuentemente a sus compañeros cristianos y al mismo Dios como testigos de su manera de vivir. «Dios y ustedes me son testigos de que nos comportamos con ustedes los creyentes en una forma santa, justa e irreprochable» (1Ts 2.5, 10). Nehemías y Pablo sabían que la mejor respuesta, cuando sus motivos o carácter eran cuestionados, era mantenerse con la conciencia tranquila. Será doloroso cuando la gente diga cosas sobre ti que no son ciertas. Para eso necesitamos la ayuda del Señor: «Y ahora, Señor, ¡fortalece mis manos!» (6.9). Ignora los chismes; confía tu causa a Dios.

Tal vez conoces hermanos y hermanas cristianas que están enfrentando esta clase de oposición, cuyos nombres han sido desprestigiados y cuya reputación está bajo presión. Oren por ellos como grupo y pidan al Señor fuerzas para mantener una conciencia tranquila a la luz de su Palabra.

3. La tentación a hacer concesiones (6.10-14)

El ataque final fue aún más sutil. Semaías le informó a Nehemías que él estaba en una lista negra: ¡Sí, esta noche te quitarán la vida! (6.10). Entonces lo instó a refugiarse dentro del templo. Viniendo de alguien que profesaba ser profeta, la propuesta tenía un aspecto religioso. Pero Nehemías se mantuvo firme como siempre.

Primero, no había forma de que Nehemías permitiera que lo vieran huir. Perdería credibilidad como líder si intentaba esconderse de la amenaza. Pero segundo, no había manera de que él entrara al templo (6.12). Era laico, no un sacerdote, y sabía que entrar al templo, aun bajo la excusa de salvar su vida, solo terminaría en desastre. No estaba permitido en las Escrituras. Dado que conocía la Palabra de Dios, pudo evaluar la veracidad de la profecía.

> Y es que me di cuenta de que Dios no lo había enviado, sino que se las daba de profeta porque Sambalat y Tobías lo habían sobornado. En efecto, le habían pagado para intimidarme y hacerme pecar siguiendo su consejo. De este modo podrían hablar mal de mí y desprestigiarme. (6.12, 13)

Su respuesta a este ataque: estaba decidido a vivir por la verdad. Juan Calvino dijo: «Un artificio de Satanás es buscar alguna mala conducta en los ministros para así deshonrar al evangelio».[1]

No solo los líderes cristianos sino todos nosotros enfrentamos este tipo de presión. Sufrimos una constante tentación a hacer concesiones. Como por ejemplo comprometer la verdad esencial de la fe cristiana. O la tentación de hacer alguna concesión en las exigencias morales en nuestras vidas. Puede ser una tentación sexual o financiera o un mal uso del poder. Nuestra protección será vivir por la verdad, para que nuestras

---

1. John Calvin, *Calvin's Commentary on the Bible,* 2 Corinthians 6:7, 147.

vidas sean moldeadas por la Palabra, y para que el Espíritu nos dé el poder para ser consecuentes con sus normas en nuestra vida.

¿Qué tipo de concesiones estas en peligro de considerar? ¿Hay situaciones en el trabajo donde la vida sería más fácil si no mantuvieras tus valores cristianos? ¿Hay situaciones en la iglesia donde los peligros de hacer concesiones son especialmente evidentes?

John Stott dijo una vez que, si los cristianos de Occidente hicieran menos concesiones, sin duda sufrirían más. Como Dietrich Bonhoeffer escribió en El costo del discipulado, antes de ser ejecutado bajo órdenes directas de Himmler: «El sufrimiento, entonces, es la insignia del verdadero cristiano».

Pero la historia de Nehemías en los capítulos 4 y 6 destaca los dos temas con los que comenzamos esta sección: el progreso del barco y la navegación a contraviento. Los vientos seguían soplando en contra de Nehemías. El relato en el capítulo 6 contiene tres comentarios al respecto: «En realidad, lo que pretendían era asustarnos» (6.9); «...los otros profetas que quisieron intimidarme!» (6.14). Incluso después de que terminaron la muralla, la calumnia y la intimidación seguían llegando: «Tobías, por su parte, trataba de intimidarme con sus cartas» (6.19). Esto es lo que Alec Motyer una vez llamó «el goteo constante de ácido satánico». Engaño, espionaje, calumnia, cartas diarias para carcomer su moral y distraerlo de la obra que Dios lo había llamado a hacer.

Pero esos vientos tuvieron el efecto contrario. Permitieron que Nehemías y el pueblo terminaran la tarea porque centraron su atención en lo que realmente importaba. Confiaron en Dios de todo corazón. En estas situaciones Dios nos enseña a aferrarnos más a él. Los vientos en contra son los que en realidad nos ayudarán a completar el viaje. «Cuando todos nuestros enemigos se enteraron de esto, las naciones vecinas se sintieron humilladas, pues reconocieron que ese trabajo se había hecho con la ayuda de nuestro Dios» (6.16).

Todos necesitamos tener la seguridad de que se trata del Señor soberano, el Dios del cielo, quien cumplirá sus propósitos con nosotros y por medio nuestro. Tal como aprendí navegando contra el viento en

Escocia, el propósito de Dios no es quitar las dificultades en nuestras vidas, sino transformarlas.

Para mayor investigación

Lee Hechos 6.1-7. Allí hay un ejemplo de líderes que estaban en peligro de perder de vista sus prioridades. ¿Qué principios puedes extraer de estos versículos para poder superar distracciones que nos alejan de nuestro propósito principal?

Para reflexionar

Los capítulos 4 y 6 de Nehemías nos han dado una visión general de las muchas presiones que enfrenta el pueblo de Dios. Son ejemplos poderosos de fe bajo presión. Trata de identificar cuál de las distintas formas de oposición que enfrentó Nehemías es especialmente importante en este momento, para ti o para tu iglesia. y permite que se convierta en un asunto de acción y oración.

Revisión de la sección 3: Nehemías 4 y 6

En esta sección de Nehemías hemos abordado algunos temas cruciales que se relacionan muy directamente con el discipulado cristiano —con los desafíos de la vida espiritual, la batalla y el crecimiento espiritual. Es especialmente importante pasar tiempo en oración pidiéndole al Señor su protección, tanto para nosotros mismos como para nuestros amigos y nuestra iglesia.

Como hemos visto, los ataques a los discípulos cristianos vienen en diversas formas y tamaños, algunos directos y hostiles y otros sutiles y persuasivos. Comparte con un buen amigo el tipo de presiones que enfrentas en tu vida cristiana, y oren juntos por la protección del Señor. Los líderes también son vulnerables: oren por aquellos con responsabilidad pastoral y de liderazgo en su iglesia.

Revisa los recursos a los que nos hemos referido en Efesios 6.10-19.

Cuarta parte

Reaccionar a la Palabra de Dios

Nehemías 8 y 9

Reaccionar a la Palabra de Dios

Introducción

«Creo en un poco de todo: Dios, lo sobrenatural, fantasmas, supersticiones, ovnis. Me gusta mantener abiertas mis opciones». Estas palabras, del excapitán de cricket de Inglaterra, Mike Gatting, resumen la insólita sensación de confusión que caracteriza las creencias de las personas hoy en día. Ilustran que «cuando la gente deja de creer en la verdad, no es que ya no creen en nada, creen en cualquier cosa».

En muchas partes del mundo, las personas parecen estar alejándose de formas tradicionales de la fe, aquellas que se asocian con un enfoque dogmático, y en su lugar están buscando una fe más empírica. Ahora existen varias perspectivas respecto a la verdad, desde la más tradicional hasta la más popular. La postura tradicional es aquella donde la verdad es objetiva, independiente de la mente del conocedor. Está ahí para ser descubierta. Una visión más común hoy en día está moldeada por el relativismo: la verdad es «como cada persona la ve». Según este punto de vista, la verdad es un asunto para ti y otro asunto distinto para mí. Luego tenemos la perspectiva posmoderna en la que la verdad no se descubre, sino que es lo que «cada uno crea para sí mismo». La verdad es lo que yo construyo como tal. Quizá en algunos de nuestros países hemos ingresado a la era de la «posverdad», donde cada vez se acepta menos la idea de un cuerpo consensuado de verdades y hechos.

Cada vez más personas piensan que la verdad es completamente subjetiva. Es verdad porque me gusta; es cierto si me ayuda. La verdad es una mercancía que se moldea para servir mis necesidades. Cuando una estudiante cristiana estaba teniendo algunas dificultades fue a un consejero universitario, y le aconsejaron que se acostara con su novio. «No, soy cristiana, eso está mal», respondió ella. El consejero estudiantil respondió: «Si da resultados, entonces es válido». Esta es una verdad que se forma de acuerdo con los patrones de nuestros propios deseos y conveniencias; una verdad que no exige nada de nosotros. Si es útil, entonces debe ser verdadero. El inevitable resultado de esta postura es que, en última instancia, las personas y las sociedades pierden el rumbo y terminan confundidos y moralmente desorientados.

Sería fácil para los cristianos responder petulantemente con un «te lo dije» o sentirnos apesadumbrados. Pero debemos asumir nuestra responsabilidad en la situación y, como Nehemías, resistir la tentación de mantenernos distantes, indiferentes a la decadencia moral y espiritual, y darnos cuenta de que Dios nos ha llamado en un momento único. Las personas de hoy en día anhelan tener algún tipo de espiritualidad, y eso hace que este momento en la historia también sea esperanzador. Como pueblo de Dios, tenemos la oportunidad de responder al desconcierto y la incertidumbre.

En Nehemías 8 encontramos un punto de inflexión extraordinario en la reconstrucción de la vida nacional del pueblo de Dios. Terminaron la reconstrucción de la muralla, pero eso representaba solo el comienzo. Lo que realmente importaba era moldear a la gente, reordenar su vida comunitaria a partir de una constitución sólida, con una base adecuada para su futuro como pueblo de un Dios Santo.

> Entonces todo el pueblo, como un solo hombre, se reunió
> en la plaza que está frente a la puerta del Agua y le pidió
> al maestro Esdras traer el libro de la ley que el Señor le
> había dado a Israel por medio de Moisés. (8.1)

Estaban a punto de embarcarse en un programa masivo de reeducación, que formaría la base de su vida espiritual, moral, social y económica. Como dice Derek Kidner: «Se convertirían en el pueblo del Libro».[2]

¿Sería una exageración decir que hoy, como pueblo de Dios, nosotros también necesitamos participar en un programa masivo de reeducación? Si la Palabra de Dios impactara más nuestras vidas, si transformara cómo vivimos con nuestras familias, nuestro culto a Dios, nuestra vida profesional y nuestro comportamiento social y moral, entonces estaríamos viviendo como personas llenas de esperanza en una sociedad desesperanzada.

---

2. Derek Kidner, *Ezra and Nehemiah*, Tyndale Old Testament Commentary (Leicester: IVP, 1979), 106.

Aquellos que comentan sobre el estado de la iglesia hoy sugieren que nosotros también nos hemos desviado. Hace unos cuarenta años, en su libro, Dios ha hablado, Jim Packer escribió:

> En ningún momento, tal vez, desde la Reforma, los cristianos protestantes, como cuerpo, han estado tan inseguros, titubeantes y confundidos sobre qué deberían creer y hacer. Falta convicción sobre los grandes problemas de la fe y la conducta cristiana. El observador externo nos ve tambaleando como un borracho en la niebla, sin saber dónde estamos o hacia dónde deberíamos ir. La predicación es nebulosa; las mentes están confundidas; los corazones ansiosos; las dudas agotan nuestra fuerza; y la incertidumbre paraliza la acción.[3]

Desde que el Dr. Packer escribiera esas palabras, tal vez ha habido señales de cambio. Los cristianos anhelan vivir vidas que reflejen las normas de Dios, hacer más que acumular conocimiento de las Escrituras y experimentar el poder transformador de la Palabra. Pero no hay duda de que existe todavía un largo camino por recorrer. Por lo tanto, hay mucho que aprender de la próxima sección de la historia de Nehemías.

---

3. J. I. Packer, *God Has Spoken* (London: Hodder & Stoughton, 1979), 20.

Capítulo 9

El cimiento: la Palabra de Dios

> Objetivo: darnos cuenta por qué la Palabra de Dios debe ocupar un papel central en nuestras vidas e iglesias

Tema central

Todos sabemos que la Biblia es un éxito de ventas en todo el mundo. Pero, así como le sucede al libro de Stephen Hawking, *Breve historia del tiempo*, la Biblia tiende a permanecer cerrada en el estante o la vitrina. Para conversar: ¿Por qué crees que la Biblia es uno de los libros más comprados, pero menos leídos?

Lee: Nehemías capítulo 8
Versículos clave: Nehemías 8.1-12
Estructura:

1. Su centralidad
2. Su autoridad
3. Su accesibilidad

Nehemías 8 nos introduce a algo con lo que muchos estamos familiarizados: una conferencia bíblica de siete días. Este capítulo también marca el final de la narrativa que hemos estado siguiendo y nos presenta una nueva sección del libro con tres capítulos vitales acerca de la restauración espiritual del pueblo de Dios, bajo el liderazgo compartido de Esdras y Nehemías.

Es posible que esta sección de Nehemías alguna vez estuvo entre los capítulos 8 y 9 del libro de Esdras. Pero su lugar aquí, en el centro del relato de Nehemías, es teológicamente importante. La construcción de la muralla podría haber terminado, pero la verdadera base para la restauración de la comunidad era la Palabra de Dios. Nehemías sabía cuán central y estratégico esto sería, por lo que se asegura de que Esdras, el maestro-profesor, pase al frente.

Propongo tres características del texto que demuestran que Esdras y Nehemías entendían que la Palabra de Dios era el fundamento de todo lo demás que debía proseguir:

1. Su centralidad

Para el pueblo de Dios el séptimo mes era uno de grandes festividades religiosas, y su primer acto fue pedir que se abriera el Libro. El pueblo deseaba que se leyera la ley: «Entonces todo el pueblo, como un solo hombre, se reunió en la plaza que está frente a la puerta del Agua y le pidió al maestro Esdras traer el libro de la ley que el Señor le había dado a Israel por medio de Moisés» (8.1), y la ley mantuvo la atención de todos: «Todo el pueblo estaba muy atento a la lectura del libro de la ley» (8.3); «Al día siguiente, los jefes de familia, junto con los sacerdotes y los levitas, se reunieron con el maestro Esdras para estudiar los términos de la ley» (8.13); «Todos los días, desde el primero hasta el último, se leyó el libro de la ley de Dios» (8.18).

La Palabra mantuvo su lugar central hasta el final del mes: «Durante tres horas leyeron el libro de la ley del Señor su Dios» (9.3). Al final del capítulo 12, donde tenemos el relato de las alegres procesiones durante la dedicación de la muralla, Nehemías escribe: «Aquel día se leyó ante el pueblo el libro de Moisés» (13:1). La Palabra de Dios representaba la nueva constitución para el pueblo de Dios. Habían regresado del exilio a Jerusalén y ahora, en el centro de sus vidas, estaba el libro de la ley que El Señor les había dado. Esto definió su identidad.

En las repúblicas de Asia Central, los niños ahora tienen que aprender grandes partes del Corán en sus escuelas islámicas. Aunque Stalin cerró veintiséis mil mezquitas, nuevas inversiones están asegurando que el Corán se leerá como fundamento del islam (tomando posición dentro de la lucha ideológica por el mundo postsoviético). ¿Qué ocurre con el lugar de la Palabra de Dios en nuestra propia sociedad? Puede que ahora vivamos en una cultura poscristiana, pero uno de nuestros desafíos es pedirle a la gente que retorne a las Escrituras. Cuando Theodore Roosevelt escribió sobre Abraham Lincoln, describió su dedicación fundamental: «Lincoln desarrolló toda su visión de la vida a partir de su estudio de la Biblia. Llegó a dominarla y se convirtió en un hombre que conocía el Libro y que por instinto ponía en práctica lo que había aprendido de ella».1

Como cuenta Nehemías 8:1, ese era el deseo de los judíos en aquel día. Para una nación que buscaba su identidad y estaba formando su programa de restauración, la Palabra de Dios importaba. Fue central. Incluso hay algo simbólico en el hecho de que no se la leyera en el templo: «y la leyó en presencia de ellos desde el alba hasta el mediodía en la plaza que está frente a la puerta del Agua» (8.3). Se leyó la palabra «en uno de los centros de la vida de la ciudad, la clase de lugar donde con mayor urgencia se necesita la sabiduría de Dios. La ley misma insiste en que su voz no debe limitarse al santuario, sino que se debe escuchar en la casa y la calle».2

Esto se enfatiza en Deuteronomio 6.7: «Incúlcaselas continuamente a tus hijos. Háblales de ellas cuando estés en tu casa y cuando vayas por el camino, cuando te acuestes y cuando te levantes». Haz que la Palabra de Dios ocupe el lugar central en cada área de tu vida.

¿Crees que la Biblia ocupa un lugar central en tu iglesia? ¿Qué clase de cosas desplazan a la Biblia, empujándola a la periferia de nuestras vidas y comunidad cristiana?

¿Qué te resulta más útil para poder leer la Biblia regularmente? Todos necesitamos ayuda aquí, así que compartan todas las ideas prácticas que puedan.

---

2. Su autoridad

… y le pidió al maestro Esdras traer el libro de la ley que el Señor le había dado a Israel por medio de Moisés.
(8.1)

---

1. Theodore Roosevelt en *Lincoln's Use of the Bible,* por Samuel Trevena Jackson, The Library of Alexandria.
2. Kidner, *Ezra and Nehemiah,* 105.

La autoría humana de la Biblia es reconocida en varias ocasiones —la lectura es de los libros de Moisés. Pero aquí también se enfatiza su autoridad divina —es la ley de Dios, la revelación que él nos dio. La instrucción vino de Dios mismo, para su bienestar. A veces como evangélicos nos acusan de venerar un texto antiguo, y sin este sentido de autoridad divina esto podría ser cierto. Pero la Biblia ciertamente es la Palabra que Dios ha hablado, y es vital darnos cuenta de que esta Palabra tiene autoridad precisamente por quien la ha pronunciado.

En 1 Tesalonicenses 2.13, donde Pablo describe la manera en que los creyentes recibieron el evangelio, encontramos una explicación importante de este tema. Es una explicación clave de la autoridad apostólica que puede transformar nuestra actitud hacia la Biblia. «Así que no dejamos de dar gracias a Dios, porque al oír ustedes la palabra de Dios que les predicamos, la aceptaron no como palabra humana, sino como lo que realmente es, palabra de Dios, la cual actúa en ustedes los creyentes».

Vale notar cuatro implicaciones:

Su autoridad: Es «la Palabra de Dios». Pablo escribe enfáticamente que el mensaje de los apóstoles tiene autoridad porque es mensaje de Dios mismo. No hay duda de que en nuestra cultura pluralista necesitamos predicar la Palabra con gran sensibilidad y humildad. Pero debemos reconocer que se trata de la Palabra de Dios y, como los primeros cristianos, debemos proclamarla con valor. A menudo estamos tentados a no tener valor a la hora de afirmar que Jesús es el único camino y las Escrituras son la Palabra de Dios, pero Pablo es tenaz en afirmar que el mensaje tiene autoridad divina. Es la verdad absoluta para todas las culturas y para cada generación.

Su poder: «...la cual actúa en ustedes los creyentes». Es poderosa precisamente porque es la Palabra de Dios. No debemos crear una brecha entre la Palabra escrita y el Dios viviente que pronuncia esa Palabra. El Espíritu de Dios la hace poderosa, le da vida y la transforma. Se podría traducir este versículo así: «continúa trabajando en aquellos que la siguen creyendo».

Su recepción: Pablo le agradece a Dios que los creyentes de Tesalónica «la aceptaron» como «palabra de Dios». Usa dos términos en el versículo 13: «recibieron» («oyeron» en NVI) la Palabra, pero también la «aceptaron»; la recibieron como a un amigo, se convirtió en parte de ellos, y continuó su trabajo en sus vidas.

Su impacto: en 1 Tesalonicenses 1.8-9 Pablo describe la forma en que se apartaron de los ídolos para servir al Dios viviente. Luego dice: «Partiendo de ustedes, el mensaje del Señor se ha proclamado… a tal punto se ha divulgado su fe en Dios que ya no es necesario que nosotros digamos nada».

La Palabra transformadora de Dios no es simplemente una verdad proposicional, fría y remota, sino una Palabra dinámica que, por el poder del Espíritu, nos encamina a servir a Dios y da forma a nuestra manera de vivir. Esa misma dinámica de la Palabra de Dios estaba operando en Jerusalén mientras se leía la ley a la multitud reunida.

¿Puedes dar ejemplos de cómo la Palabra de Dios ha estado obrando en tu vida y en tu iglesia? ¿De qué maneras se ha demostrado su autoridad y poder?

3. Su accesibilidad

Si la Palabra de Dios iba a ser la base de la vida cotidiana de las familias, la sociedad y las relaciones, entonces tenía que ser clara y accesible para todos. Hay dos características que vale la pena resaltar.

En primer lugar, todos estaban presentes. En 8.1, «Entonces todo el pueblo, como un solo hombre, se reunió en la plaza»; en 8.2, el sacerdote Esdras llevó la ley ante la asamblea «compuesta de hombres y mujeres y de todos los que podían comprender la lectura» (es decir, también niños); en 8.5 dice, «Esdras, a quien la gente podía ver» (no había pantallas de televisión, pero si una torre de madera); en 8.9, «la gente comenzó a llorar»; y en 8.13, están «los jefes de familia».

Se hizo todo lo posible para garantizar que todos estuvieran presentes. El versículo 8.4 demuestra que Esdras reunió a un equipo para ayudarle con la lectura. No era solamente para los sacerdotes y levitas, o los profesionales religiosos, sino para todos; y se leyó la ley, no en un edificio religioso (el templo), sino en el centro de la ciudad, en la plaza frente a la puerta del Agua (8.1).

No solo era vital que todos estuvieran presentes. En segundo lugar, todos entendieron. El relato nos muestra el énfasis puesto en que todos entendieran, hombres, mujeres y niños (8.2). El contenido de la ley tenía que ser claro, «Ellos leían con claridad el libro de la ley de Dios y lo interpretaban de modo que se comprendiera su lectura» (8.8). Por lo tanto, a continuación, esta la respuesta de la gente: «Así que todo el pueblo se fue a comer y beber y compartir su comida, felices de haber comprendido lo que se les había enseñado» (8.12).

Es posible que los levitas de los versículos 8.7 y 8.8 estuvieran involucrados en la traducción al lenguaje que la gente entendía, el arameo y varios otros dialectos. O bien, es posible que se movieran entre las multitudes guiando pequeños grupos de estudio, explicando lo que significaba el texto.

Lo que se ve claramente es la necesidad de hacer que el Libro fuera accesible para todos, en la forma en que Esdras dirigió a su equipo, la posición que eligió para la lectura, la torre que construyó y los grupos de traductores y expositores que empleó.

Hoy en día necesitamos trabajar creativamente para asegurarnos de que todos reciban la verdad de la Escritura por medio de la exposición clara, pertinente y aplicable de la Palabra de Dios. Pero también por medio de tantos otros enfoques interactivos, como el estudio en grupos pequeños, el estudio personal y gracias a nuevos medios que ahora tenemos a nuestro alcance.

La Biblia es la Palabra fidedigna, poderosa y transformadora de Dios. Es el cimiento de nuestras vidas y de nuestra comunidad cristiana, y es una Palabra para nuestro mundo.

Compartan formas en las que podemos ayudar a que los niños se entusiasmen por la Biblia. ¿Cómo podemos ayudarles a leer, comprender y amar la Palabra de Dios?

Compartan maneras en las que podemos hacer que la Biblia ocupe un lugar más central en nuestros hogares. A la mayoría de nosotros nos resulta muy difícil usar la Biblia en un contexto familiar: ¿Pueden animarse unos a otros con algunas ideas prácticas?

¿Hay maneras de ayudar a que la Biblia sea más central y accesible en nuestras iglesias? ¿Qué podemos hacer para alentar la lectura pública de la Palabra? ¿Qué podemos hacer para llamar más la atención a su importancia y para que más personas sean expuestas a su poderosa influencia?

Para mayor investigación

En los siguientes pasajes, encontraras poderosas ilustraciones sobre el dinamismo de la Palabra de Dios. ¿Cómo nos ayudan a fortalecer nuestro entendimiento respecto a las maneras en las que la Biblia obra en nuestras vidas?

Salmo 33.4-9
Salmo 119.11, 89, 105, 130
Isaías 55.11
Jeremías 23.29
Lucas 8.1-15
Juan 8.32
Hechos 12.24
Efesios 6.17
Colosenses 3.16
2 Timoteo 2.9
Hebreos 4.12, 13
Santiago 1.18
1 Pedro 1.23-25
1 Juan 2.14

Para reflexionar

Tomando en cuenta la disponibilidad de traducciones, guías de lectura, recursos de estudio y planes de lectura diarios, ¿qué pasos prácticos podemos tomar en el grupo para animarnos unos a otros a disfrutar diariamente de las riquezas de la Biblia?

Capítulo 10

El hambre del pueblo de Dios

Objetivo: aprender los prerrequisitos que se necesitan para experimentar la bendición de Dios

Tema central

Describe tu típica mañana de domingo, desde que suena el despertador hasta que llegas a la iglesia.

Lee: Nehemías capítulo 8
Versículos clave: Nehemías 8.9-18
Estructura:

1. Su expectativa
2. Su compromiso
3. Su reverencia

Habiendo visto el lugar central que Esdras y Nehemías dieron a la lectura de la Ley, ahora veremos la manera en que respondió la gente cuando escuchó la Palabra de Dios. Hay tres temas a señalar.

1. Su expectativa

Primero, queda claro que estaban ansiosos por escuchar la Palabra. Querían que la ley y el Señor les hablaran. Tomaron la iniciativa, pidieron a Esdras que saque el Libro. Jim Packer ofrece un comentario interesante: «Imagina a una audiencia impaciente en un concierto de rock gritando,

"Queremos a Esdras", repitiéndolo una y otra vez, cada vez más fuerte; eso te da una idea de los sentimientos que se expresaron aquel día».[1]

El mismo sentido de entusiasmo y expectativa se expresa en el versículo 3: «Todo el pueblo estaba muy atento a la lectura del libro de la ley»; también en el versículo 5, cuando el pueblo «se puso de pie» al ver a Esdras abrir el Libro y en el versículo 13: todos «se reunieron con el maestro Esdras para estudiar los términos de la ley».

Esto me recuerda al comentario de Lucas en Hechos 17.11 cuando describe a los bereanos, que «recibieron el mensaje con toda avidez y todos los días examinaban las Escrituras para ver si era verdad lo que se les anunciaba». También me recuerda que hay poco que ganar leyendo la Biblia sin tanta expectativa. El propio ministerio de Jesús se vio frustrado cuando no había expectativa de parte de algunos de sus oyentes. Comenzó a enseñar en las sinagogas y se encontró con cinismo e incredulidad. La fe expectante es la tierra fértil en la que la Palabra de Dios dará fruto en nuestras vidas.

¿Por qué crees que a menudo hay poca expectativa cuando nos acercamos a la Palabra de Dios, ya sea en tu lectura personal o cuando nos reunimos en la iglesia?

¿Cómo se puede cambiar esto?

---

2. Su compromiso

Otra señal de hambre espiritual era su seriedad. Estaban listos a pasar todo tipo de inconvenientes para escuchar la Palabra. He estado en países de Europa del este donde, después de haber predicado por una hora o más, la congregación me pregunta ¿por qué te has detenido? Aquí la congregación en la puerta del Agua estuvo de pie desde el amanecer hasta el mediodía (8.3) —durante al menos cinco horas, sin un descanso para tomar café, porque anhelaban escuchar y comprender lo que Dios quería decirles.

---

1. Packer, *Passion for Faithfulness,* 150.

Nuevamente, tenemos que concluir que tal compromiso con la Palabra de Dios, y tal deseo de escuchar de él tenía que ver con la obra del Espíritu de Dios. Hay muchas cosas que debemos hacer para que la Palabra de Dios sea accesible y comprensible, pero más que cualquier otra cosa, necesitamos la obra del Espíritu Santo para crear dentro de nosotros y dentro de nuestras iglesias, e incluso en nuestra sociedad y entre nuestros políticos, hambre por lo que Dios tiene que decirnos.

En todo el mundo hay evidencia de una disminución del estudio personal y grupal de la Biblia. Si queremos revertir este declive, debemos orar mucho, mucho más, para que regrese este tipo de expectativa y seriedad. Una encuesta de la Sociedad Bíblica en mi país mostró que casi el cuarenta por ciento de los que van a la iglesia leen la Biblia en casa solo una vez al año, o menos. Es una paradoja en un país donde las Escrituras están disponibles en todo tipo de traducciones y en muchas plataformas electrónicas distintas. Lamentablemente, existen problemas similares en país tras país alrededor del mundo: más y más cristianos tienen acceso a la Biblia; sin embargo, muy pocos de nosotros la tomamos en serio.

Nuestras congregaciones nunca madurarán, nuestro impacto en la sociedad nunca será significativo, y nuestras esperanzas de avivamiento permanecerán distantes, hasta que desarrollemos un fuerte deseo de leer, comprender y aplicar esta Palabra viva y dinámica a nuestras vidas. De esto se trata la predicación semanal en nuestras iglesias: no es solo leer por leer, sino abrir la Palabra de Dios para llevarnos a la presencia de Dios, y esto transformará nuestras vidas e impactará nuestra sociedad.

¿Hay maneras en las que el grupo pudiera contribuir a que cada participante recupere la importancia de su compromiso con las Escrituras?

---

3. Su reverencia

Entonces Esdras bendijo al Señor, el gran Dios. Y todo el pueblo, levantando las manos, respondió: "¡Amén y amén!" Luego adoraron al Señor, inclinándose hasta tocar el suelo con la frente. (8.6)

Hoy en día, es bueno que estemos interesados en hacer que los eventos en nuestras iglesias sean acogedores y amigables para los que vienen por primera vez. No deberíamos tener barreras culturales que impidan que las personas asistan, pero en el camino a veces hemos perdido cierto grado de reverencia que es adecuado en la adoración.

No estoy sugiriendo que todos debemos adoptar la costumbre de ciertas iglesias, como cuando la congregación se pone de pie cada vez que se lee la Palabra de Dios. Pero tal vez haya algo que aprender de la actitud del pueblo en Jerusalén aquel día —un anhelo por escuchar a Dios hablar mientras levantaban sus manos; una expresión de autohumillación o reverencia mientras inclinaban sus rostros hacia el suelo.

Quizá estos también son prerrequisitos para comprender la Palabra de Dios y llegar a su presencia. De hecho, este versículo (8.6) es importante para recordarnos que no veneramos al Libro como tal. Su propósito es llevarnos a la presencia del autor, el Señor, el gran Dios. Lutero solía describir a las Escrituras como «la cuna en la que encontraremos al bebé». Su propósito no es llamar la atención a sí misma, sino presentarnos a la persona de Jesús. Nos acercamos a las Escrituras porque es una de las formas principales por las cuales el Espíritu nos guía a su presencia.

Debido a que es la Palabra viva y dinámica sabemos que nos presentará al Dios vivo y nos transformará a su semejanza. Jim Packer dice, en su libro Dios ha hablado:

> La alegría del estudio de la Biblia no es la diversión de coleccionar golosinas esotéricas sobre Gog y Magog, Tubal, Caín y Matusalén, números bíblicos, la bestia, y así sucesivamente; tampoco está en el placer —intenso para mentes ordenadas— de analizar nuestro texto traducido y organizarlo en patrones bonitos para predicadores, con encabezados cuidadosamente numerados y enlazados por la ayuda ingeniosa de hábiles aliteraciones. Más bien, el gozo está en la profunda satisfacción que proviene de la comunión con el Señor vivo a cuya presencia la Biblia nos lleva, una alegría que solo sus verdaderos discípulos conocen.[2]

---

2. Packer, *God Has Spoken*, 10.

¿Puedes dar ejemplos de cómo encontraste al Señor por medio de las páginas de las Escrituras?

¿Que significaría para tu iglesia unir la reverencia y la celebración?

Para mayor investigación

La reverencia y el temor no son respuestas comunes en nuestros cultos de adoración hoy en día. Lee Hebreos 12.18-29. En el contexto general de Hebreos 12, ¿Qué crees que los versículos 12.28 y 29 nos dicen respecto a nuestra adoración?

Para reflexionar

Lutero dio a entender que el centro de las Escrituras es Jesús. ¿De qué maneras crees que esto es cierto, y cuáles crees que son sus implicaciones?

Capítulo 11

Las consecuencias de la gracia de Dios

Objetivo: regocijarse en la amplitud de la gracia de Dios

Tema central

Con nuestras distintas personalidades y nuestros variados contextos culturales, tal vez tengamos distintas opiniones en torno a la expresión «emociones religiosas». Conversen acerca de cuáles emociones creen que está bien que se manifiesten en el contexto del culto.

Lee: Nehemías capítulo 9
Versículos clave: Nehemías 9.5-37
Estructura:

1. Celebración
2. Confesión
3. Compromiso

Hasta ahora hemos hablado respecto al papel central e importante de la ley y la respuesta extraordinaria del pueblo de Dios. Pero esta sección de los relatos de Nehemías también habla sobre las acciones del pueblo mientras se daban cuenta de lo que la Palabra realmente representaba. «Al oír las palabras de la ley, la gente comenzó a llorar» (8.9).

Escuchar la ley por primera vez provocó en la gente un sentimiento de contrición; se dieron cuenta de que sus vidas no lograban alcanzar las normas de Dios. Pero intrigantemente, Esdras y Nehemías pusieron ese fracaso en el contexto más amplio respecto a los propósitos de Dios para su pueblo.

> No lloren ni se pongan tristes, porque este día ha sido consagrado al Señor su Dios. (…) Ya pueden irse. Coman bien, tomen bebidas dulces y compartan su comida con quienes no tengan nada, porque este día ha sido consagrado a nuestro Señor. No estén tristes, pues el gozo del Señor es nuestra fortaleza. (8.9-10)

Su primera respuesta fue aceptar alegremente todo lo que Dios había hecho por ellos. Se trataba de un día especial, un día para recordar la gracia de Dios con ellos, su pueblo.

1. Celebración

Así debían responder a la gracia de Dios y, con el ánimo de los líderes, la gente fue a celebrar, a comer y beber «con gran alegría» (8.12). Después de haber estado de pie por horas, seguramente fueron a festejar con un entusiasmo adicional. Ahora que finalmente estaban de vuelta en Jerusalén y habían leído las Escrituras, se dieron cuenta de que el deseo de Dios era bendecirlos: «felices de haber comprendido lo que se les había enseñado» (8.12).

Esa fue la razón por la cual «el gozo del Señor» era su fortaleza —el término significa su «bastión», su «fortín». Es saber que Dios tiene buenos propósitos para nosotros, que su ley es para beneficio nuestro, y que su misericordia y gracia son para nuestro bienestar, nuestro shalom. Una apreciación total de eso genera una profunda sensación de gozo y acción de gracias en nuestras vidas. Es lo contrario a la ansiedad, tan característica de nuestra cultura.

El gozo pasa a la siguiente sección también. En el segundo día (8.13-15) el estudio de la Biblia los lleva al descubrimiento de la Fiesta de los Tabernáculos, un festival relacionado al fin de la cosecha, cuando recordaban especialmente la liberación de Egipto y la larga marcha hacia la tierra prometida. Entonces, tal como estaba escrito en Levítico 23, salieron y construyeron unos cobertizos (enramadas). Durante siete días celebraron la liberación del pueblo de Dios de Egipto, y no solo ello, sino también su regreso del exilio.

«Toda la asamblea de los que habían regresado del cautiverio hicieron enramadas y habitaron en ellas. Como los israelitas no habían hecho esto desde los días de Josué hijo de Nun, hicieron una gran fiesta» (8.17). Vale notar que fue un acontecimiento incluyente: se preocuparon por aquellos que no tenían recursos —otra dimensión de su vida comunitaria en la que demostraron compasión por los necesitados.

Aunque no lo creamos, el gozo debe ser el sello característico de una verdadera fe cristiana. Por supuesto que, la manera en que lo expresamos tiene que ver con nuestra personalidad o nuestra cultura, lo cual Dios respeta. ¿Pero qué hemos hecho para provocar que tanta gente se imagine que la fe cristiana es todo lo contrario de lo que se describe aquí? La reverencia y el gozo no son incompatibles.

Antes de su conversión, Ernest Gordon, el autor de Milagro en el río Kwai, pensaba en los cristianos como personas que le quitaban las burbujas al champán de la vida. Así dijo: «Preferiría un sólido infierno a esa gris residencia carente de sol de los creyentes». Sé que cuando la gente describe a la iglesia como aburridísima dicen algo tanto sobre ellos mismos como acerca de la iglesia, pero muchas veces también se debe a la falta de celebración.

Me gusta el comentario del pastor y teólogo alemán, Helmut Thielicke: «¿Será cierto que las arrugas de nuestras sonrisas son tanto una señal de la fe como lo son las arrugas de seriedad? ¿Será que solo hemos cristianizado la seriedad? Una iglesia está en mal estado cuando ha desterrado la risa del santuario y la deja para el cabaré».1

El gozo del Señor es nuestra fortaleza. No es triunfalismo superficial, sino la certeza de que Dios no tiene más que buenos propósitos para nosotros como su pueblo. Esto fue lo que les vino a la mente cuando celebraron la gracia de Dios de regreso en Jerusalén, en casa. Esta misma convicción interna también nos ayudará a superar toda clase de desafíos. Los propósitos de la gracia de Dios son abrumadores, y cuando tomemos conciencia de esta realidad en nuestros corazones y mentes, el gozo del Señor se convertirá en nuestra fortaleza también.

¿Puedes pensar en un cristiano que conozcas que demuestra este tipo de gozo, en medio de situaciones difíciles?

---

1. Helmut Thielicke, *Encounter with Spurgeon* (Cambridge: Lutterworth Press, 1967), xxxviii.

¿A qué se refieren Pedro y Pablo cuando hablan del gozo en medio del sufrimiento?

2. Confesión

Después de las celebraciones de la Fiesta de los Tabernáculos, las personas se reunieron (9.1) para ayunar, se vistieron de luto y se echaron ceniza sobre la cabeza. Pasadas tres semanas y media de su reunión frente a la puerta del Agua, los líderes convocaron a un día nacional de arrepentimiento y para instaurar un nuevo compromiso con el Señor.

En 9:5-38 se presenta una oración que fue el centro de la ocasión. Vale notar que tanto la confesión como la celebración surgieron de la lectura de la Palabra de Dios. «Durante tres horas leyeron el libro de la ley del Señor su Dios...» (9.3).

La oración está bellamente construida de manera que, una vez más, el contenido de la Palabra de Dios da forma al culto. Hay muchas citas de Éxodo, Levítico y Deuteronomio, ya que cuenta la historia de Israel desde la creación (9.5, 6) a la elección (9.7, 8), redención (9.9-12), pacto y ley (9.13-15), gracia (9.16-18), paciente persistencia (9.19-25) hasta el juicio y la justicia (9.26-31).

Vemos en Nehemías 8 y 9 la manera en que esto despertó en las personas un renovado sentido de identidad histórica y nacional. Pero fue mucho más que eso. Se dieron cuenta de que Yahvé era su Dios y ellos eran su pueblo. El Espíritu estaba en acción, mostrándoles la profundidad de la gracia de Dios que los había llamado. Estos capítulos registran lo que podemos describir como una renovación o reavivamiento nacional.

Sería cierto decir que el capítulo 9, aunque aparece como una confesión de pecado, es mucho más que eso. La estructura de la oración demuestra una oscilación entre la admisión de su fracaso y un reconocimiento de la gracia y la misericordia de Dios para con ellos. Nos muestra el compromiso del Dios del pacto, su perseverante y firme amor. Hay una declaración de la bondad de Dios a pesar del fracaso de la gente. Vale notar algunos de los puntos de inflexión en la oración:

9.17: «Porque eres Dios perdonador, clemente y compasivo...».

9.19: «Tú no los abandonaste en el desierto porque eres muy compasivo».

9.27: «y desde el cielo los escuchaste; por tu inmensa compasión les enviaste salvadores para que los liberaran de sus enemigos».

9.28: «De nuevo clamaban a ti, y desde el cielo los escuchabas. ¡Por tu inmensa compasión muchas veces los libraste!»

9.31: «Sin embargo, es tal tu compasión que no los destruiste ni abandonaste, porque eres Dios clemente y compasivo».

9.32: «Y ahora, Dios nuestro, Dios grande, temible y poderoso, que cumples el pacto y eres fiel, no tengas en poco los sufrimientos».

Observen el «pero»: la maravillosa inversión en cada una de las líneas de la historia. A pesar de la pecaminosidad, a pesar de la rebelión que en un principio los había llevado al exilio, Dios dice «pero». Pablo, en Romanos 3.21, muestra la manera en que el «pero» es el punto de inflexión del evangelio. «Pero ahora, sin la mediación de la ley, se ha manifestado la justicia de Dios (…) Esta justicia de Dios llega, mediante la fe en Jesucristo, a todos los que creen». ¿Te sientes agradecido por el «pero ahora» del evangelio?

Uno de mis primeros intentos de dar testimonio del evangelio fue a los catorce años, cuando hablé con vacilación, en la London Embankment Mission, a un grupo de hombres que provenían del bajo mundo. «Está bien para ti», dijo un hombre, «pero tú no sabes lo que he hecho. Dios nunca me perdonaría». Un cristiano mayor y más sabio que estaba conmigo le señaló el Salmo 103.11-13: «Tan grande es su amor por los que le temen como alto es el cielo sobre la tierra. Tan lejos de nosotros echó nuestras transgresiones como lejos del oriente está el occidente. Tan compasivo es el Señor con los que le temen como lo es un padre con sus hijos».

Nadie está más allá del alcance de Dios; nadie necesita temer que el perdón de Dios, por medio de la obra de Jesucristo, no está disponible para ellos.

La confesión de fe de Nehemías en el capítulo 9 declara que no necesitamos sentir el impacto debilitante y desmoralizador del fracaso. «Sin embargo, es tal tu compasión que no los destruiste ni abandonaste, porque eres Dios clemente y compasivo» (9.31). Como sabemos por el Nuevo Testamento, Jesús nos dice que, por su palabra y su obra, nuestro pecado ha sido perdonado, nuestra culpa ha sido quitada, nuestro perdón está garantizado. El perdón tiene el efecto liberador de levantar la carga. «Si confesamos nuestros pecados, Dios, que es fiel y justo, nos los perdonará y nos limpiará de toda maldad» (1Jn 1.9).

Los fracasos pasados no tienen porqué detenernos. A veces nos comportamos como si tuviéramos un vídeo de todos nuestros fracasos, y aunque Dios nos asegura que han sido perdonados y olvidados, nos sentamos allí reproduciendo el video: detener, retroceder, reproducir, detener, retroceder, reproducir. Pero nuestro pecado ha sido «cubierto», como declara el Salmo 51. El amoroso propósito de Dios para nosotros es que soltemos el control remoto. Debemos soltar el pasado porque él lo ha hecho, y debemos aprender por su gracia a aceptar el perdón completo que él ha provisto en Cristo y su cruz. Eso es lo que la gente en este pasaje reconoció, esta maravillosa confesión de fe: Dios, en su misericordia, no nos abandonará.

Se dice que hay cada vez menos énfasis en el arrepentimiento. ¿Cuál crees que sea la razón? Si es cierto, ¿cuáles serán las probables consecuencias?

En vez de un ritual formal, ¿cómo podemos hacer que la confesión forme parte de nuestros cultos en la iglesia?

¿Por qué a veces nos resulta difícil creer que hemos sido perdonados?

---

3. Compromiso

La respuesta final sigue de forma natural. Todos los que han experimentado la restauración por medio de la gracia de Dios en sus vidas desean comprometerse a vivir por él más plenamente, y así vemos que la oración impulsa a la gente a comprometerse con la renovación del pacto. «Por todo esto, nosotros hacemos este pacto y lo ponemos por escrito, firmado por nuestros gobernantes, levitas y sacerdotes» (9.38).

Estaban dispuestos a obedecer la Palabra de Dios. Se «comprometieron, bajo juramento, a vivir de acuerdo con la ley que Dios les había dado por medio de su servidor Moisés, y a obedecer todos los mandamientos, normas y estatutos de nuestro Señor» (10:29). Estaban listos para la acción. Querían vivir sus vidas conforme a la Palabra de Dios, para demostrar en su comunidad que le pertenecían.

Ese es el significado de la secuencia de estos capítulos: escuchar la Palabra de Dios, celebrar su bondad, conocer la gracia de Dios y luego obedecer sus leyes.

Hemos sido llamados a cumplir la verdad, no simplemente a creerla. Ese es el propósito de acercarnos al Libro: avanzar hacia una fidelidad dedicada, un cambio de estilo de vida. La prueba del valor de la enseñanza bíblica no es tanto si nos conmueve emocionalmente, sino que, como resultado de escuchar la Palabra de Dios, nos volvemos más obedientes.

Si nos preocupa el bienestar de nuestras familias y nuestros hijos, si nos preocupamos por el bienestar moral y espiritual de nuestras naciones, y si estamos decididos a desempeñar nuestro papel en los propósitos restauradores de Dios, entonces debemos ser personas dispuestas a responder a la Palabra de Dios, comprometidas a vivir la verdad.

Como solía decir el evangelista estadounidense D. L. Moody: «Cada Biblia tiene que ser encuadernada con cuero de zapatos».

Para mayor investigación

Pasa un tiempo trabajando con cada párrafo de la maravillosa oración en Nehemías 9. Trata de resumir cada sección con una oración que capture la actitud del pueblo y la respuesta de Dios. Escribe las palabras de ánimo que encuentres en esta oración y que pueden ayudarte en tu diario vivir.

Para reflexionar

Los capítulos 8 y 9 se enfocan en la renovación del pueblo de Dios a su regreso a Jerusalén. Volvieron a sus raíces y renovaron su compromiso con el Señor. Repasa estos dos capítulos, tomando nota de los fundamentos de la fe cristiana que te trae a la memoria. ¿Como te han ayudado estos fundamentos en tu propio caminar cristiano, y como puedes mantenerlos en el centro de tu diario vivir?

Revisión de la sección 4: Nehemías 8 y 9

Estos capítulos representan la esencia de las memorias de Nehemías, cuando el pueblo confirma su compromiso con el Señor y expresa su disposición a obedecer sus mandamientos. Es un buen momento para tomar una pausa y pedir a Dios que te ayude a responder a su llamado como lo hicieron en Jerusalén —escucharon el llamado de Dios, celebraron su gracia y obedecieron sus mandamientos.

Si piensas que te sería de ayuda, trata de escribir una oración simple, una declaración que represente tu compromiso a servir y obedecer al Señor.

Lee de nuevo la oración del capítulo 9, tomando en cuenta la manera en que la gracia de Dios y su misericordia son continuamente afirmadas a pesar de la rebelión de un pueblo que actuó como nosotros. Pasa un tiempo en oración personal o grupal para pedir a Dios que fortalezca tu deseo de leer, entender y obedecer su Palabra.

Quinta parte

Vivir según
las normas de Dios

Nehemías 10 y 13

Vivir según las normas de Dios

Introducción

Una vez leí una noticia que sorpresivamente apareció en los periódicos internacionales. Era la historia, bastante alarmante, de un conductor de camiones que perdió su trabajo. ¿La razón? Porque manejaba camiones de Coca Cola, pero insistía en tomar Pepsi en sus horas de trabajo. Así que lo despidieron.

Un poco injusto, se podría pensar. Si hubieran encontrado botellas de Pepsi debajo del escritorio del director ejecutivo de Coca Cola, eso habría sido otro asunto. Porque en estos días, según los nuevos estilos de gestión empresarial, la coherencia es importante. Charles Handy, el gurú de los negocios, en uno de sus seis principios rectores para gerentes incluyó lo siguiente: «El líder debe vivir la visión». No solo debe elaborar su misión o declaración de visión, debe encarnarla. Sentimos lo mismo con los políticos. Sospechamos de sus promesas de campaña y programas políticos en época de elecciones. Y cuando no vemos un cambio genuino, nos volvemos cínicos con todo el proceso. Muchos políticos sufren descrédito debido a la percepción pública en torno a la corrupción y la falta de integridad en la política.

Los cristianos en el primer siglo no podían permitirse inconsistencias. Cuando leemos el Nuevo Testamento, vemos la estrecha conexión entre la santidad y la misión. La iglesia primitiva estaba siendo vigilada; sus vidas, su trabajo, sus familias, sus valores, su respuesta bajo presión, todo esto tenía que apoyar su mensaje radical. Esto es efectivamente lo que Juan escribió: «el que afirma que permanece en él debe vivir como él vivió» (1Jn 2.6). Es ver la fe que produce resultados, la santidad con ropa de trabajo.

De hecho, cuando miramos la historia bíblica, esto no era nada nuevo para aquellos que fueron llamados a ser el pueblo de Dios. Es un tema principal del Antiguo Testamento, y al llegar a los últimos capítulos del libro de Nehemías, vemos que, en el centro del proceso de reconstrucción del pueblo de Dios, existe una preocupación por la coherencia absoluta. El pueblo de Dios debía vivir según las normas de Dios.

En este sentido, su singularidad como comunidad, su peculiar moral, las relaciones sociales y económicas y el estilo de vida debían revelar el carácter del Dios a quien adoraban. Ya hemos tocado este tema en Nehemías 5, pero ahora en el capítulo 10, llegamos a un pronunciamiento especial del pueblo, la renovación del pacto, en el cual afirman aquello que los debe «distinguir»:

> Todos los demás —sacerdotes, levitas, porteros, cantores, servidores del templo, todos los que se habían separado de los pueblos de aquella tierra para cumplir con la ley de Dios, más sus mujeres, hijos e hijas, y todos los que tenían uso de razón— se unieron a sus parientes que ocupaban cargos importantes y se comprometieron, bajo juramento, a vivir de acuerdo con la ley que Dios les había dado por medio de su servidor Moisés, y a obedecer todos los mandamientos, normas y estatutos de nuestro Señor. (10.28-29)

Es un malentendido pensar que estar «separado de los pueblos» significa tener una mentalidad elitista o exclusivista. La separación de la que hablaban era una separación religiosa. Los pueblos de las tierras vecinas adoraban a otros dioses, y entonces el llamado a ser un pueblo separado y distinto se generó a partir del primer mandamiento: «No tengas otros dioses además de mí». Era una declaración de su lealtad a Yahvé. Estaban siguiendo su Palabra, como Nehemías 10 demuestra: «todos los que se habían separado de los pueblos de aquella tierra para cumplir con la ley de Dios» (10.28).

La manera en la que vivían debía demostrar su compromiso con ese Dios único y serviría de testimonio para sus vecinos respecto a las características del verdadero Dios.

Como lo fue en los tiempos de Nehemías, hoy la concordancia entre creencia y comportamiento es igual de vital para una misión efectiva. Hace poco hablé con un colega en el este de Asia que me comentó sobre el alto porcentaje de cristianos en Hong Kong. Entre los estudiantes universitarios, hasta un tercio son creyentes, pero marcan muy poca diferencia en la sociedad —dijo él. En la facultad de medicina, casi el sesenta por ciento de los estudiantes son cristianos. Sin embargo, todavía tratan de evadir sus impuestos como cualquier otra persona. El creciente número de cristianos puede parecer un estímulo, pero ¿qué sucede con su auténtica distintividad cristiana? Sabemos que esto mismo sucede en muchos países, y en nuestras propias vidas también.

Es bueno confrontar los desafíos de los capítulos 10 y 13, donde las personas declaran su compromiso con las normas de Dios, pero donde luego encontramos que ese compromiso no se cumplió.

El siguiente capítulo en esta guía de estudio nos presentará tres temas que aparecen en Nehemías 10. Pero, ya que estos tres temas aparecen de nuevo en detalle en el capítulo 13, algunas de las preguntas e ideas para el trabajo grupal se postergarán hasta que lleguemos al capítulo final de este libro.

Capítulo 12

Compromiso con las normas de Dios

Objetivo: aprender qué significa obedecer fielmente a Dios

Tema central

Piensa en ocasiones donde tuviste que firmar acuerdos y rendir cuentas a alguien. ¿Puedes explicar por qué esto puedo ser a veces difícil?

Lee: Nehemías capítulo 10
Versículos clave: Nehemías 9.38; 10.28-39
Estructura:

1. La identidad del pueblo de Dios
2. La importancia del pacto de Dios
3. La prioridad de la casa de Dios

Como ya hemos visto, en respuesta a la lectura de la Palabra de Dios, el pueblo se comprometió solemnemente a vivir de acuerdo con las leyes de Dios. Hicieron un número de resoluciones específicas para serle fiel (10.28-39). Vamos a examinar tres y luego, en el próximo capítulo, tomaremos más tiempo para analizar las consecuencias prácticas de vivir según estas normas.

1. La identidad del pueblo de Dios

> Además, todos nos comprometimos a no casar a nuestras hijas con los habitantes del país ni aceptar a sus hijas como esposas para nuestros hijos. (10.30)

Cuando «las ansias de mezclarse» se vuelven un fenómeno universal, ¿por qué el pueblo decidió apoyar una restricción? Como hemos visto, el tipo de separación que se exigía era por motivos religiosos, no por motivos raciales. La ley del Antiguo Testamento lo dejaba bien en claro: no es posible tener un matrimonio sólido si el esposo y la esposa adoran a distintos dioses. Hacer concesiones sería inevitable para un seguidor de Yahvé, quien pide exclusividad a su pueblo.

Malaquías usó lenguaje fuerte e idiomático para condenar este tipo de comportamiento: «Judá ha sido traicionero. En Israel y en Jerusalén se ha cometido algo detestable: al casarse Judá con la hija de un dios extraño, ha profanado el santuario que el Señor ama» (2.11). No era una cuestión de raza u origen étnico, sino que se trataba de una verdadera lealtad espiritual. Malaquías estaba profundamente preocupado por mantener la identidad del pueblo de Dios, alrededor del cual se enfocaban los propósitos de redención de Dios. Esta clase de matrimonios mixtos llevaría a una pérdida de fidelidad al único Señor, y una erosión gradual de la singularidad del pueblo de Dios. Esta clase de concesión traería consecuencias desastrosas.

La gente afirmó que vivirían según las normas de Dios. «Nos comprometimos a no casar a nuestras hijas con los habitantes del país...» (10.30).

Presta atención a los que firmaron el acuerdo (10.28-29). ¿Por qué crees que era importante que, después de la lectura de la ley en el capítulo 8, y la respuesta en el capítulo 9, firmaran este acuerdo en el capítulo 10?

Volveremos nuestra atención a los detalles de las relaciones matrimoniales en el próximo capítulo, pero ¿puedes identificar áreas en la vida de la iglesia donde las concesiones pueden debilitar nuestro sentido de identidad como pueblo de Dios y traicionar nuestro testimonio cristiano?

---

2. La importancia del pacto de Dios

> También prometimos que, si la gente del país venía en sábado, o en cualquier otro día de fiesta, a vender sus mercancías o alguna otra clase de víveres, nosotros no les compraríamos nada. Prometimos así mismo que en el séptimo año no cultivaríamos la tierra, y que perdonaríamos toda deuda. (10.31)

La ley del Antiguo Testamento había establecido varias razones vitales respecto al sabbat[1] y que era parte clave de su distintividad como nación. Como día de descanso, reflejaba el patrón de la obra y el descanso de Dios en la creación, y también era un tiempo reservado para que las personas reflexionaran sobre la bondad de Dios y le rindieran culto. Era un día en que reconocían que Dios podía continuar proveyendo para sus necesidades, incluso cuando no estaban trabajando, y por lo tanto era una declaración de lealtad al Señor y confianza en su promesa de cuidado hacia ellos. La tentación ahora, en Jerusalén, era diluir esa idea.

Es importante recordar, una vez más, las circunstancias. Los exiliados habían regresado a una situación difícil. Había mucho por hacer en los campos, muchos aún no habían regresado, gran parte de la tierra estaba ocupada por otros, y la economía todavía no era estable. Había comerciantes extranjeros listos y dispuestos a vender, incluso los sábados. Pero en ese día de reedificación nacional, impulsados por la Palabra de Dios y el Espíritu de Dios, la gente estaba decidida a expresar lealtad a la enseñanza acerca del sabbat. Prometieron confiar completamente en el cuidado y la provisión de Dios.

Veremos más sobre el problema específico del sabbat en el siguiente capítulo. Pero aquí hay un principio básico sobre el cual debemos reflexionar. La mayoría de nosotros vivimos en un contexto donde tenemos sustento diario y donde nuestras necesidades básicas están cubiertas. ¿Existe el peligro de que podamos perder de vista nuestra dependencia de Dios? ¿Cómo podemos cultivar una confianza diaria en la provisión de Dios?

---

1. N. del E.: Para una explicación del término *sabbat* y términos afines, ver el *Diccionario evangélico de teología* (Grand Rapids: Libros Desafío, 2016), 1192-1194.

La gente en Jerusalén podría haber estado tentada a tomar atajos, en lugar de seguir las instrucciones del Señor sobre el descanso en el sabbat. En nuestras vidas cristianas, ¿hay tentaciones para esquivar las normas de Dios por razones de conveniencia?

3. La prioridad de la casa de Dios

El resto del capítulo 10 (10:32-39) es una declaración del compromiso de la gente a mantener el templo. Nuevamente, esto se remonta a muchas referencias a la ley (Éx 30), y la gente ahora reconoce su responsabilidad individual de ofrendar anualmente para sostener el ministerio del templo, que estaba justo en el centro de la ciudad, y representaba su relación con Dios mismo.

Por eso habían trabajado tanto para reconstruir la ciudad y restaurar el templo; este era el lugar donde Dios debía ser adorado; esta sería su prioridad número uno. Debían dar dinero (10.32), granos (10.33), madera para el altar (10.34), las primicias de sus cosechas (10.35) y los diezmos (10.37-39) para apoyar a los sacerdotes y los levitas. «No descuidaremos la casa de nuestro Dios», dijeron, sabiendo que, si el templo se derrumbaba, también lo haría su relación con Dios. Su compromiso fue considerable. Involucraba a toda la familia, impactaba su vida cotidiana, y era una obligación continua reconocer que todo lo que tenían pertenecía a Dios. Al ofrendar los primeros frutos de su cosecha demostraban que Dios era su primera prioridad, más importante que sus recursos.

En resumen, su acuerdo en el capítulo 10 acertó en el blanco respecto a lo que significaba ser el pueblo de Dios: una nación distinta y santa, comprometida con el único Dios, que confiaba en su fidelidad para cada aspecto de la vida. Iban a obedecerle a toda costa y confiar que él mantendría su pacto de amor. Pero eso no fue lo que ocurrió. El próximo capítulo nos mostrará que, a pesar de las promesas, el pueblo no cumplió con su parte.

Si tu grupo o iglesia tuviera que hacer una lista de cosas con las que se comprometería con el Señor, ¿que incluiría?

Para mayor investigación

Después de hablar sobre lo que se debía comer y vestir, Jesús dijo: «Más bien, busquen primeramente el reino de Dios y su justicia, y todas estas cosas les serán añadidas» (Mt 6.33). ¿Qué quiso decir en términos de las prioridades de la vida cristiana? ¿Puedes pensar en ejemplos prácticos respecto a cómo funciona este principio que Jesús nos da?

Para reflexionar

Quizá la crítica más común que se le hace a los cristianos es su capacidad de actuar de una manera hipócrita. ¿De qué manera corres peligro de vivir tu vida como si fuera «puro teatro»? ¿De qué maneras tu actitud o comportamiento no concuerdan con la fe que profesas? Pasa un tiempo en confesión y oración mientras pides la ayuda de Dios para vivir una vida consecuente con tu fe.

Capítulo 13

Promesas incumplidas

Objetivo: entender la importancia de la obediencia
para vivir vidas íntegras

Tema central

¿Puedes recordar momentos en que alguien te hizo una promesa y no la cumplió? ¿Cómo te sentiste? ¿Puedes compartir ejemplos de ocasiones en las que le hiciste una promesa al Señor y no la cumpliste? ¿Cómo se sentirá Dios al respecto?

Lee: Nehemías capítulo 13
Versículos clave: Nehemías 13.6-27
Estructura:

1. La prioridad de la casa de Dios y el resultado de la indiferencia
2. La importancia del pacto de Dios y el desvío hacia la conveniencia
3. La identidad del pueblo de Dios y el peligro de hacer concesiones

Tratar de vivir un discipulado cristiano comprometido en el mundo de hoy exige atención constante y una dependencia total en el poder de la Palabra de Dios y de su Espíritu. Enfrentamos la presión diaria de amoldarnos a las normas del mundo, a la sutil y traicionera influencia del secularismo. Difícilmente nos percatamos de que nos desviamos de las normas de Dios, y de nuestro compromiso decidido de ser seguidores de Jesucristo.

Como pueblo de Dios, gradualmente perdemos nuestra distintividad, y no fue diferente en los días de Nehemías: esa fue exactamente la situación en la que se encontraba el pueblo hacia el final de su liderazgo en Jerusalén. Después de su primer mandato como gobernador,

Nehemías había regresado a Susa para cumplir sus obligaciones con el rey Artajerjes. Cuando regresó a Jerusalén para un segundo mandato como gobernador, unos veinte años después de que la gente había hecho sus solemnes compromisos en el capítulo 10, habría tenido unos sesenta y cinco años. Pero en lugar de regresar a casa para jubilarse, Nehemías descubrió que su trabajo no había terminado. Su lema debió haber sido: «Lo di por iniciado, así que lo terminaré».

En el capítulo 13, descubrimos que se había producido una terrible decadencia espiritual. Lejos de mantener su distintividad como pueblo de Dios, se habían apartado de las normas de Dios. Después de todas las promesas, hubo incumplimiento. Después de la increíble hazaña de reconstruir la muralla, después del reavivamiento en la ciudad por la lectura de la Palabra de Dios, después de los compromisos solemnes hechos por la gente al servicio de la renovación del pacto, Nehemías regresó y descubrió un grupo de individualistas egoístas, en lugar de un pueblo dedicado a Dios. Se nos da un panorama muy realista de lo que puede pasar y una visión muy humana de las luchas que Nehemías tuvo que enfrentar al instar a la gente a permanecer fiel.

Muchas expresiones contemporáneas de la esperanza cristiana de avivamiento imaginan que será algo instantáneo: que Dios me cambiará, cambiará a la iglesia y a la sociedad como por arte de magia. Pero no hay botones mágicos que produzcan la renovación automática en la vida cristiana. Puede que haya una tendencia en el movimiento evangélico contemporáneo a buscar soluciones aparentemente rápidas a nuestros problemas corporativos, intervenciones milagrosas o estrategias ingeniosas que generen crecimiento y renovación. Pero no hay tales soluciones instantáneas. En cambio, hay lo que un escritor ha denominado «un largo camino de obediencia en la misma dirección» —un firme y disciplinado compromiso de confiar en la Palabra de Dios, depender del Espíritu de Dios y vivir en la comunidad de Dios. De lo contrario, habrá una desviación hacia la decadencia.

¿Qué descubrió Nehemías a su regreso a Jerusalén? Examinaremos exactamente los mismos tres temas que estudiamos en el capítulo anterior, pero a la inversa.

1. La prioridad de la casa de Dios y el resultado de la indiferencia

Los versículos 13.4-9 nos presentan nuevamente a un viejo enemigo de Nehemías, Tobías, a quien vimos en los capítulos 4 y 6. Con buenas conexiones políticas y sociales en la ciudad, ya se había infiltrado hasta tal punto que incluso el sumo sacerdote Eliasib le hacía favores. «Le había acondicionado una habitación grande. Allí se almacenaban las ofrendas, el incienso, los utensilios, los diezmos del trigo, vino y aceites correspondientes a los levitas, cantores y porteros, y las contribuciones para los sacerdotes» (13.5).

Cuando Nehemías descubrió esto, se enfureció. Aparte del peligro estratégico de esta clase de infiltración insidiosa, Tobías era un laico y no tenía derecho a estar en el templo. Que estuviera a cargo del depósito implicaba una profanación ceremonial.

Detrás de este incidente había otro gran problema. Eliasib aparentemente estaba feliz de haberle dado a Tobías esa sala del templo porque no se estaba usando para su propósito de almacenamiento. El diezmo había disminuido gradualmente, y como Nehemías explica: «También me enteré de que a los levitas no les habían entregado sus porciones, y de que los levitas y cantores encargados del servicio habían regresado a sus campos» (13.10). Los levitas dependían de los diezmos para sus ingresos, y ahora que estos ya no llegaban, tenían que salir y trabajar los campos. Así, también, los cultos en el templo estaban siendo descuidados.

Actuando con decisión, Nehemías dice: «Esto me disgustó tanto que hice sacar de la habitación todos los cachivaches de Tobías. Luego ordené que purificaran las habitaciones y volvieran a colocar allí los utensilios sagrados del templo de Dios, las ofrendas y el incienso» (13.8).

Nos recuerda la propia determinación que tuvo Jesús cuando decidió honrar la casa de Dios tomando un látigo y expulsando a los comerciantes del área del templo. «¡Saquen esto de aquí! ¿Cómo se atreven a convertir la casa de mi Padre en un mercado?» (Jn 2:16). Esa también era la pasión de Nehemías: «Así que reprendí a los jefes y les dije: "¿Por qué está tan descuidado el templo de Dios?" Luego los reuní y los reestablecí en sus puestos» (13.11).

¿Recuerdan el último versículo del capítulo 10? «De este modo nos comprometimos a no descuidar el templo de nuestro Dios». Pero fue un compromiso sin cumplimiento. Se habían vuelto indiferentes a la prioridad que debía tener la casa de Dios. Entonces Nehemías nombró a hombres confiables para que estuvieran a cargo de los almacenes (13.13), para asegurar que se cumplieran las promesas que se habían hecho veinte años atrás.

Por supuesto que nuestra situación es muy diferente a la del siglo V a. C. Pero el Nuevo Testamento nos enseña que tanto el cristiano como la iglesia de Dios son el templo, donde habita el Espíritu, y es muy fácil que haya contaminación precisamente en lo profundo de ese templo. «Pecados que nos afligen, relaciones no permitidas, la búsqueda egoísta del placer, el lucro, el poder o la posición, despreocupación por agradar y glorificar a Dios, y cualquier patrón de conducta que de alguna manera socave la obediencia a la Palabra escrita de Dios y la fidelidad al Cristo de las Escrituras tiene un efecto de corrupción a los ojos de Dios». Así escribe Jim Packer.[1] Si eso es algo de lo que nos hemos dado cuenta en nuestras vidas y nuestras iglesias, entonces las acciones de Nehemías son un ejemplo para nosotros: quita lo malo, restaura lo bueno.

Una de las principales lecciones de este capítulo es que debemos tener cuidado con aquellas cosas que puedan producir indiferencia hacia la causa de Dios. Podemos ser fácilmente afectados por el materialismo de nuestros días, donde el lucro personal desplaza las cosas de Dios. Descuidamos la prioridad de la obra de Dios de alguna manera, y eso es explotado rápidamente por un Tobías, quien asegura su punto de apoyo y comienza el proceso de contaminación.

Dadas las fuertes declaraciones que la gente hizo en el compromiso que pactaron en el capítulo 10, ¿Por qué crees que se distanciaron tanto de sus promesas?

¿Cuáles son las influencias en nuestras vidas que pueden conducir a una indiferencia similar, y cómo podemos evitar semejante desviación?

---

1. Packer, *Passion for Faithfulness,* 188.

2. La importancia del pacto de Dios y el desvío hacia la conveniencia

Los versículos 13.15-22 describen la siguiente decepción que tuvo Nehemías. Hemos visto en el capítulo 10 por qué el mandato de acatar el *sabbat* era un llamado vital para que el pueblo de Dios se distinguiera del resto. Nehemías había instado a una aplicación rigurosa de esa ley. Y ¿qué encontró veinte años después?

«Durante aquellos días vi en Judá que en sábado algunos exprimían uvas y otros acarreaban, a lomo de mula, manojos de trigo, vino, uvas, higos y toda clase de cargas que llevaban a Jerusalén» (13.15). En el versículo 16, comerciantes fenicios que vivían en Jerusalén traían a la ciudad pescado y otras mercancías, y las vendían a los judíos en sabbat. A medida que las personas se volvieron indiferentes hacia la casa de Dios, también dieron sus espaldas a su compromiso con guardar el sabbat. Cuando comerciantes gentiles llegaron a Jerusalén, no encontraron nada distintivo en la nación, ni devoción ni lealtad de parte del aparente «pueblo de Dios».

Nuevamente, Nehemías reprendió a los líderes de Jerusalén: «¡Ustedes están pecando al profanar el sábado!» (13.17). Les advirtió de las posibles consecuencias desastrosas. Fue precisamente por el fracaso de sus antepasados que Jerusalén había sido destruida por los babilonios y la gente había sido llevada al exilio. La historia estaba en peligro de repetirse.

El determinado accionar de Nehemías (13.19-21) muestra a un hombre que está totalmente comprometido con mantener las normas de Dios, que se niega a aceptar un cambio hacia una religión fácil donde la fe está formada por la conveniencia personal en lugar de una determinación divina. Nehemías vio que la decisión de ignorar el sábado era una negación de la fe en Dios.

Nuevamente, ¿qué debemos hacer con esto en el siglo XXI? Se ha escrito mucho sobre la forma en que los cristianos deberían entender el sabbat, o cómo deberían comportarse en domingo. Lo que queda claro de la Escritura, en su conjunto, es que este día especial es un paradigma importante para los cristianos. Tanto la creación como la redención nos recuerdan de su importancia. Como una ordenanza de la creación, la vemos como parte del ritmo de nuestras vidas, un tiempo en el cual Dios nos hace descansar de nuestros trabajos habituales. Pero si no logramos tomar en serio esta ordenanza, veremos cómo esto afectará toda nuestra vida. Esto se combina con la importancia del Día del Señor como el día de renovación espiritual, el día para honrar y rendir culto a Dios con una distinción que nos marca como su pueblo. No estamos bajo la ley del sabbat del Antiguo Testamento y no debemos desanimarnos por los «neosabatistas» que intentan trasladar gran parte del antiguo pacto al nuevo.

Sin embargo, eso no significa que el Día del Señor no tenga importancia para los cristianos. No es fácil equilibrar todas las exigencias de la vida en nuestra sociedad, pero necesitamos descubrir maneras que nos den seguridad para afirmar que el Hijo del Hombre es Señor del sabbat. Eso incluye dar prioridad al culto con el pueblo de Dios y a la renovación espiritual. El puritano Thomas Watson escribió: «Cuando el polvo del mundo haya obstruido las ruedas de nuestra predisposición hacia Dios, de modo que apenas pueden moverse, hace su aparición el sabbat/domingo y engrasa las ruedas de nuestra predisposición para que comencemos a movernos más rápidamente».[2]

En realidad, los domingos pueden ser días muy ocupados para muchos de nosotros. Vivimos como si Jesús hubiera dicho en Juan: «¡He venido para que tengas reuniones, reuniones en abundancia!». Lo que importa es que nuestro compromiso de adorar, descansar y celebrar sea consecuente con las normas de Dios. El orden de nuestras prioridades, nuestro tiempo en familia, nuestro compromiso con el cuidado de los demás, todo esto son señales para los que están a nuestro alrededor. de que somos parte de la sociedad de Dios.

Esto será cada vez más difícil mientras nuestras sociedades se desvían más hacia el secularismo, pero será un ingrediente esencial para la salud de nuestras almas y cuerpos, la salud de nuestras iglesias y quizá la salud de nuestras sociedades a las cuales podremos influenciar de buena manera.

---

2. Thomas Watson, *The Ten Commandments* (London: Banner of Truth Trust, 1970), 93.

> Comparte algunas ideas prácticas de cómo podemos hacer que el domingo se caracterice por ser un día de descanso, renovación y celebración.
>
> ¿Como podemos evitar el legalismo por un lado y una desviación hacia la conveniencia por el otro?

3. La identidad del pueblo de Dios y el peligro de hacer concesiones

¿Cómo debió haberse sentido Nehemías al encontrarse con un tercer asunto donde el pueblo incumplió su promesa? «En aquellos días también me di cuenta de que algunos judíos se habían casado con mujeres de Asdod, de Amón y de Moab» (13.23).

Casarse con personas de otras naciones, como hemos visto, era una amenaza para la solidaridad e identidad del propio pueblo de Dios. Esto fue lo que Nehemías observó más claramente cuando regresó a Jerusalén. El peligro para la próxima generación era que la identidad israelita fuera erosionada, porque sus hijos no entenderían la Palabra de Dios y su singularidad como seguidores del único Señor se disolvería gradualmente.

A Nehemías le pareció que todos en Jerusalén estaban involucrados en tales matrimonios mixtos, incluyendo al liderazgo. Así que, de nuevo, tomó lo que podría verse como una acción drástica y reprendió a los líderes y les hizo prometer que no seguirían cometiendo tal desastrosa concesión. «Entonces los reprendí y los maldije; a algunos de ellos los golpeé, y hasta les arranqué los pelos, y los obligué a jurar por Dios. Les dije: "No permitan que sus hijas se casen con los hijos de ellos, ni se casen ustedes ni sus hijos con las hijas de ellos"» (13.25).

No pongan en riesgo a su familia y no pongan en riesgo al pueblo de Dios. Como hemos visto, había razones especiales por las cuales el Antiguo Testamento enfatiza este tema: Tiene que ver con la identidad de la nación y los propósitos redentores de Dios. Así que la aplicación de estos versículos tiene que tener mucho cuidado y tratarse con gran sensibilidad.

No debe usarse como argumento contra matrimonios cristianos entre parejas de distintas culturas, ni tampoco debe usarse contra un cristiano que tiene una pareja no cristiana para hacerlo sentir que ha puesto en peligro su fe, por razones que Pablo explica en 1 Corintios 7.12-16. Algunos cristianos se encuentran inevitablemente en esta situación, y en estos versículos, al igual que en 1 Pedro 3, se los anima a ver a esta situación como una oportunidad importante: «… de modo que, si algunos de ellos no creen en la Palabra, puedan ser ganados más por el comportamiento de ustedes que por sus palabras, al observar su conducta íntegra y respetuosa» (1P 3.1, 2). Sin embargo, Pablo es muy claro que, al tomar la decisión de casarnos, la pareja que como cristianos debemos elegir debe «pertenecer al Señor» (1Co 7.39). Él o ella debe ser creyente. En otras palabras, para los cristianos todavía existe una relación de pacto con Dios.

Las palabras de Pablo en 2 Corintios 6 son especialmente útiles como comentario respecto a este tema. Comienzan con un llamado en el versículo 14 para que «no formen yunta con los incrédulos», una imagen prestada del libro de Deuteronomio, donde la ley prohibía arar un campo utilizando distintas clases de animales: un buey y un burro irían a diferentes velocidades; su trabajo en conjunto seria inefectivo.

Se trata de un solo ejemplo de entre muchos, donde la ley del Antiguo Testamento requería que el pueblo de Dios actuara consecuentemente. Así como no debían usar animales dispares para arar un campo, tampoco debían mezclar cultivos en el campo, y la gente misma no debía contaminarse con sus vecinos paganos. Parece una aplicación válida del consejo de Pablo respecto a vivir una vida cristiana consecuente: un llamado para evitar una sociedad matrimonial incorrecta.

Si convertirse en cristiano significa que toda nuestra visión de la vida cambia —diferentes valores, diferentes ambiciones, diferentes normas morales y, lo más importante, una autoridad diferente en nuestra vida—, entonces ¿cómo puedes compartir tu vida íntimamente con alguien fuera de la familia de Dios? ¿Cómo pueden ser «uno»?; «¿Qué tiene en común un creyente con un incrédulo?» (2Co 6.15). Doloroso como podría ser inicialmente, el cristiano ha sido llamado a evitar cualquier enlace cercano, incluido el matrimonio, que comprometa la distintividad de su vocación.

Nehemías capítulo 13 nos recuerda los peligros de prometer a Dios una cosa, pero vivir algo diferente. Leer este capítulo nos ayudará a ver que el pueblo de Dios hoy necesita mantenerse alerta ante el peligro de la concesión. El llamado es simplemente este: haz de Jesús tu prioridad número uno. Busca primero su reino. No solo prediques la Palabra, vívela.

Hemos visto, a partir de la enseñanza del Nuevo Testamento, que los apóstoles alentaron a los cristianos con cónyuges no cristianos a mantener un testimonio fiel y vivir vidas obedientes. ¿Cómo podemos apoyar a compañeros cristianos que están en esta situación?

Mucha gente hoy diría que no necesitamos ser tan estrictos al afirmar la importancia de que una persona joven cristiana se case solamente con otra persona cristiana. A partir de 2 Corintios 6, de otras partes la Biblia, y desde tu experiencia, trata de proporcionar razones claras por las cuales esta posición cristiana tiene sentido.

Nehemías se pone un tanto violento en este capítulo: arroja las cosas de Tobías (13.9), ahuyenta a uno de los hijos del sacerdote (13.28), y golpea a algunos de los hombres y les arranca el cabello (13.25). Su contexto lo afectó profundamente ¿Crees que hay lecciones importantes aquí sobre nuestra actitud hacia el consenso y la indiferencia, y sobre cómo debemos tratar con el pecado hoy en día?

Para mayor investigación

Lee Apocalipsis 21 e identifica los contrastes entre la Nueva Jerusalén, nuestro hogar final, y la Jerusalén en los tiempos de Nehemías.

Para reflexionar

Integridad, perseverancia y esperanza, estos son los temas de cierre de este capítulo, y son básicos para fortalecer nuestra «fe ante el peligro». Pasa un tiempo orando sobre cada uno de estos atributos, pidiendo que Dios los afirme en nuestras vidas.

Revisión de la sección 5: Nehemías 10 y 13

Antes de terminar nuestro estudio de Nehemías capitulo 13, sería bueno reflexionar sobre tres temas para nuestra propia vida cristiana.

1. La integridad cristiana

El último capítulo de Nehemías no podría ser más pertinente para la iglesia del siglo XXI. Enfrentamos la constante tentación de hacer concesiones con el mundo. Su atractivo seductor se presenta en muchas formas, presionándonos a hacer concesiones en relaciones, negocios, sexualidad, materialismo, ambición y estilo de vida. Pero en calidad de la nueva sociedad de Dios, nuestra tarea es desafiar al mundo, no conformarnos a él. Para hacerlo necesitamos del poder del Espíritu de Dios y la verdad de la Palabra de Dios.

El autor Francis Schaeffer invocó a los cristianos a vivir consistentemente con la Palabra que Dios nos ha dado, en el mundo que Dios ha hecho. Como en el siglo V a. C., la distintividad del pueblo de Dios dará como resultado un testimonio verdadero del Dios a quien pertenecemos. Vivimos nuestras vidas ante un mundo que nos observa.

Como Pedro nos recuerda: «Mantengan entre los incrédulos una conducta tan ejemplar que, aunque los acusen de hacer el mal, ellos observen las buenas obras de ustedes y glorifiquen a Dios en el día de la salvación» (1P 2.12).

Habiendo leído estos capítulos, ¿de qué maneras nuestras vidas pueden llegar a ser un eco del mundo en vez de retar su sistema de valores?

¿Cómo podemos ayudarnos unos a otros a responder a este llamado a la integridad cristiana?

2. La perseverancia cristiana

Al comparar los capítulos 10 y 13 de Nehemías nos recuerda a uno de los dones más importantes del Espíritu: el don de la perseverancia. Es aquella habilidad, habiendo puesto nuestras manos en el arado, de continuar trazando un surco recto. Como bien dicen los comentaristas sobre estos capítulos, nos instan a recordar que la iglesia no puede tomar nada por sentado. Los reformadores del siglo XVI subrayaron que la iglesia siempre necesita estar reformándose, y este seguirá siendo el caso hasta que lleguemos a nuestro hogar en el cielo.

Entonces debemos ayudarnos unos a otros en la iglesia de Dios para estar constantemente atentos, viviendo constantemente bajo la autoridad de las Escrituras, buscando constantemente la ayuda del Espíritu en nuestro compromiso para obedecer. Nehemías estaba decidido, como vemos en sus oraciones del capítulo 13, a ser recordado por su fidelidad y no por su fracaso. Eso es lo que queremos, ¿cierto? Como Nehemías, y como Pablo, quisiera que mis últimas palabras sean:

> He peleado la buena batalla, he terminado la carrera, me he mantenido en la fe. Por lo demás me espera la corona de justicia que el Señor, el juez justo, me otorgará en aquel día; y no solo a mí, sino también a todos los que con amor hayan esperado su venida. (2Ti 4.7-8)

¿Puedes recordar ejemplos de creyentes que conozcas que podrían repetir las palabras de Pablo? ¿Cuál crees que ha sido su secreto?

Trata de identificar las disciplinas claves en la vida cristiana que te ayudarán a no solo correr la carrera, sino a terminarla.

3. La esperanza cristiana

La historia de Nehemías es una historia de inconstancia humana y de fidelidad divina. Comenzamos con la oración de Nehemías en el capítulo 1 y con el recordatorio de los propósitos de Dios: «Pero, si se vuelven a mí, y obedecen y ponen en práctica mis mandamientos, aunque hayan sido llevados al lugar más apartado del mundo los recogeré y los haré volver al lugar donde he decidido habitar» (1.9). En parte, eso sucedió, pero solo hemos visto una sombra de la realidad final de esa oración. Al final de Nehemías 13, aún no hemos visto el cumplimiento de la restauración espiritual prometida. En el año 70 d. C., los romanos destruyeron la muralla y el templo una vez más. La historia de la infidelidad del pueblo de Dios es un tema que se repite.

Haría falta algo totalmente nuevo, como Jeremías predijo en la promesa de un nuevo pacto. En Jesús mismo, Dios cumpliría sus promesas de restaurar a su pueblo, ya no definido por muros o un templo, ni restringido en su afiliación, sino compuesto por hombres y mujeres de todas las naciones, tribus y lenguas. Es en él que todas las promesas de Dios se cumplen finalmente.

En este momento, como C. S. Lewis observó, nosotros los cristianos vivimos en «tierras de penumbra». Pero no siempre será así, y hasta que lleguemos al cielo tenemos que vivir nuestras vidas con total devoción a Dios y como una comunidad diferente que honra su nombre. Lo hacemos con nuestros corazones y mentes enfocados en nuestro hogar eterno, nuestro destino como pueblo de Dios.

La revelación de Juan en Apocalipsis 21 de la nueva Jerusalén es sin duda el lugar donde concluir. Juan ve una ciudad, con puertas que jamás se cierran (Ap 21.25), con nada impuro dentro (Ap 21.27), ni enemigos que la amenacen:

> Vi además la ciudad santa, la nueva Jerusalén, que bajaba del cielo, procedente de Dios, preparada como una novia hermosamente vestida para su prometido. Oí una potente voz que provenía del trono y decía: "¡Aquí, entre los seres humanos, está la morada de Dios! Él acampará en medio de ellos, y ellos serán su pueblo; Dios mismo estará con ellos y será su Dios. Él les enjugará toda lágrima de los

ojos. Ya no habrá muerte, ni llanto, ni lamento ni dolor, porque las primeras cosas han dejado de existir".
(Ap 21.2-4).

¡Ven Señor Jesús!

Sociedad Langham

La Sociedad Langham es una comunidad mundial que trabaja con el ánimo de cumplir la visión que Dios le encomendó a su fundador, John Stott, consistente en:

facilitar el crecimiento de la iglesia en madurez y en semejanza a Cristo elevando los niveles de predicación y enseñanza bíblicas.

Nuestra visión es ver que las iglesias en el mundo mayoritario estén equipadas para la misión y creciendo hacia la madurez en Cristo a través del ministerio de sus pastores y líderes, quienes creen, enseñan y viven por la Palabra de Dios.

Nuestra misión es fortalecer el ministerio de la Palabra de Dios:
- ➤ fortaleciendo movimientos nacionales de predicación bíblica;
- ➤ favoreciendo la creación y distribución de literatura evangélica; y
- ➤ elevando el nivel de la educación teológica evangélica, especialmente en países donde las iglesias carecen de recursos.

Nuestro ministerio

Langham Predicación se asocia con líderes nacionales que estimulan movimientos locales de predicación bíblica para pastores y predicadores laicos en el mundo entero. Con el apoyo de un equipo de capacitadores provenientes de diversos países, se desarrolla un programa de seminarios a diversos niveles que proveen capacitación práctica, al cual le sigue un programa que busca formar facilitadores locales. Los grupos locales de predicación (escuelas de expositores) y las redes nacionales y regionales se encargan de dar continuidad a los programas e impulsar su desarrollo ulterior con el fin de construir un movimiento vigoroso comprometido con la exposición bíblica.

Langham Literatura provee a los pastores, seminarios y académicos del mundo mayoritario libros evangélicos y recursos electrónicos mediante becas, descuentos y mecanismos de distribución. El programa también auspicia la producción de literatura evangélica para pastores en diversos idiomas a través de talleres para escritores y editores, respaldo a la tarea literaria, traducciones, fortalecimiento de casas editoriales evangélicas e inversiones en proyectos regionales de literatura, tales como el *Comentario Bíblico Contemporaneo*.

Langham Becas provee apoyo financiero para estudiantes evangélicos a nivel doctoral provenientes del mundo mayoritario, de tal manera que, una vez que regresen a sus países, puedan capacitar a pastores y otros líderes cristianos brindándoles una sólida formación bíblica y teológica. Éste es un programa que equipa a quienes van a equipar a otros. *Langham Becas* trabaja igualmente con seminarios del mundo mayoritario fortaleciendo su educación teológica. Un número creciente de académicos de *Langham Becas* estudia en programas doctorales de alta calidad en reconocidos centros del mundo mayoritario. Además de formar la siguiente generación de pastores, los graduados de *Langham Becas* ejercen una influencia significativa a través de sus escritos y liderazgos.

Para obtener más información sobre la *Sociedad Langham* y el trabajo que desarrollamos visítenos en www.langham.org.

www.ingramcontent.com/pod-product-compliance
Lightning Source LLC
La Vergne TN
LVHW010533200726
843506LV00013B/2809